课本里的作家

课本里的作家

慈母情深

梁晓声／著

小学语文同步阅读
五年级
彩插精读版

山东教育出版社
·济南·

图书在版编目（CIP）数据

慈母情深 / 梁晓声著 . — 济南 : 山东教育出版社，
2023.2（2025.9重印）
（爱阅读·课本里的作家）
ISBN 978-7-5701-2473-2

Ⅰ. ①慈… Ⅱ. ①梁… Ⅲ. ①阅读课—小学—教学参
考资料 Ⅳ. ①G624.233

中国版本图书馆 CIP 数据核字（2022）第 255226 号

CI MU QING SHEN

慈母情深

梁晓声　著

主管单位：山东出版传媒股份有限公司
出版发行：山东教育出版社
　　　　　地址：济南市市中区二环南路 2066 号 4 区 1 号　邮编：250003
　　　　　电话：（0531）82092600　　　　网址：www.sjs.com.cn
印　　刷：济南精致印务有限公司
版　　次：2023 年 2 月第 1 版
印　　次：2025 年 9 月第 4 次印刷
开　　本：700 mm × 1000 mm　1/16
印　　张：12
字　　数：145 千
定　　价：35.80 元

（如印装质量有问题，请与印刷厂联系调换）
印厂电话：0531-88783898

她要经常将那小铁盒儿放在窗台上，盒盖儿敞开一半，使那些小东西能够晒晒太阳。并且，要很久很久地守着，看着，怕它们爬到盒子外边，爬丢了。

一天，我坐在教室外的楼梯台阶上正聚精会神地看语文课本，教语文课的女老师走上楼，好奇地问："你在看什么书？"

享受阅读

而读书之人，却是可以同时置身于阳光中的。既沐浴着阳光，又沉浸在美好文字的世界中，难道不是一种享受吗？

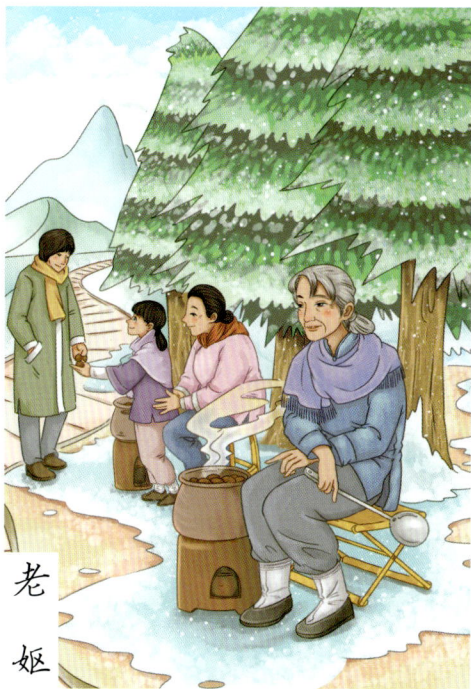

老妪

老妪似乎自甘冷清，低着头，拨弄煮锅里的蛋。时时抬头，目光睃向眼前行人，仿佛也只不过因为不能总低着头。目光里绝无半点儿乞意。

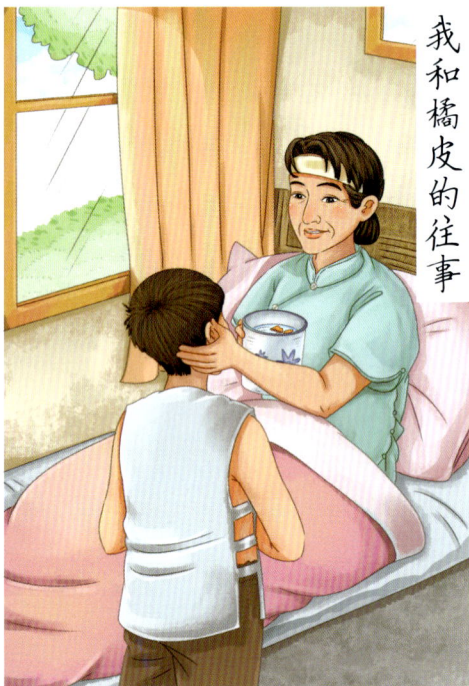

母亲喝了一阵子干橘皮泡的水，剧烈喘息的时候，分明地减少了，起码我觉着是那样。我内心里的高兴，真是没法儿形容。

我和橘皮的往事

第一支钢笔

我没听清他应的是什么，明白是正需要我"帮一把"的意思，就赶快绕到车后，一点也不隐藏力气地推起来。车上不知拉的何物，非常沉重。还未推到半坡，我便一点力气也没有了，双腿发软，气喘吁吁。

总序

北京书香文雅图书文化有限公司的李继勇先生与我联系，说他们策划了一套《爱阅读·课本里的作家》丛书，读者对象主要是中小学生，可以作为学生的课外阅读用书，希望我写篇序。作为一名语文教育工作者，在中共中央办公厅、国务院办公厅印发《关于进一步减轻义务教育阶段学生作业负担和校外培训负担的意见》（以下简称"双减"）的大背景下，为学生推荐这套优秀课外读物责无旁贷，也更有意义。

一、"双减"以后怎么办？

"双减"政策对义务教育阶段学生的作业和校外培训作出严格规定。我认为这是一件好事。曾几何时，我们的中小学生作业负担重，不少学生不是在各种各样的培训班里，就是在去培训班的路上。学生"学"无宁日，备尝艰辛；家长们焦虑不安，苦不堪言。校外培训机构为了增强吸引力，到处挖掘优秀教师资源，有些老师受利益驱使，不能安心从教。他们的行为破坏了教育生态，违背了教育规律，严重影响了我国教育改革发展。教育是什么？教育是唤醒，是点燃，是激发。而校外培训的噱头仅仅是提高考试成绩，让学生在中高考中占得先机。他们的广告词是"提高一分，干掉千人"，大肆渲染"分数为王"，在这种压力之下，学生面对的是"分萧萧兮题海寒"，不得不深陷题海，机械刷题。假如只有一部分学生上培训班，提高的可能是分数。但是，如果大多数学生或者所有学生都去上培训班，那提高的就不是分数，而只是分数线。教育的根本任务是立德树人，是培根铸魂，是启智增慧，是让学生的德智体美劳全面发展，是培养社会主义建设者和接班人，是为中华民族伟大复兴提供人才，而不是培养只会考试的"机器"，更不能被资本所"绑架"。所以中央才"出重拳""放实招"，目的就是要减轻学生过重的课业负担，减轻家长过重的经济和精神负担。

"双减"政策出台后，学生们一片欢呼，再也不用在各种培训班之间来回奔波了，但家长产生了新的焦虑：孩子学习成绩怎么办？而对学校老师来说，这是一个新挑战、新任务，当然也是新机遇。学生在校时间增加，要求老师提升教学水平，科学合理布置作业，同时开展课外延伸服务，事实上是老师陪伴学生的时间增加了。这部分在校时间怎么安排？如何让学生利用好课外时间？这一切考验着老师们的智慧。而开展各种课外活动正好可以解决这个难题。比如：热爱人文的，可以开展阅读写作、演讲辩论，学习传统文化和民风民俗等社团活动；喜爱数理的，可以组织科普科幻、实验研究、统计测量、天文观测等兴趣小组；也可以开展体育比赛、艺术体验（音乐、美术、书法、戏剧……）和劳动教育等实践活动。当然，所有的活动都应以培养学生的兴趣爱好为目的，以自愿参加为前提。学校开展课后服务，可以多方面拓展资源，比如博物馆、图书馆、科技馆、陈列馆、少年宫、青少年活动中心，甚至校外培训机构的优质服务资源，还可组织征文比赛、志愿服务、社会调查等，助力学生全面发展。

二、课外阅读新机遇

近年来，新课标、新教材、新高考成为语文教育改革的热词。我曾经看到一个视频，说语文在中高考中的地位提高了，难度也加大了。这种说法有一定道理，但并不准确。说它有一定道理，是因为语文能力主要指一个人的阅读和写作能力，而阅读和写作能力又是一个人综合素养的体现。语文能力强，有助于学习别的学科。比如数学、物理中的应用题，如果阅读能力上不去，读不懂题干，便不能准确把握解题要领，也就没法准确答题；英语中的英译汉、汉译英题更是考查学生的语言表达能力；历史题和政治题往往是给一段材料，让学生去分析、判断，得出结论，并表述自己的观点或看法。从这点来说，语文在中高考中的地位提高有一定道理。说它不准确，有两个方面的理由：一是语文学科本来就重要，不是现在才变得重要，之所以产生这种错觉，是因为在应试教育的背景下，语文的重要性被弱化了；二是语文考试的难度并没有增加，增加的只是阅读思维的宽度和广度，考查的是阅读理解、信息筛选、应用写作、语言表达、批判性思维、辩证思维等关键能力。可以说，真正的素质教育必须重视语文，因为语文是工具，是基础。不少家长和教师认为课外阅读浪费学习时间，这主要是教育观念问题。他们之所以有这种想法，无非是认为考试才是最终目的，希望孩子可以把更多时间用在刷题上。他们只看到课标和教材的变化，以为考试还是过去那一套，其实，考试评价已发生深刻变革。目前，考试评价改革与新课标、新教材改革是同向同行的，都是围绕立德树人做文章。中共中央、国务院印发的《深化新时代教育评价改革总体方案》明确指出："稳步推进中高考改革，构建引导学生德智体美劳全面发展的考试内容体系，改变相对固化的试题形式，增强试题开放性，减少死记硬背和'机械刷题'现象。"显然就是要用中高考"指挥棒"引领素质教育。新高考招生录取强调"两依据，一参考"，即以高考成绩和高中学业水平考试成绩为依据，以综合素质评价为参考。这也就是说，高考成绩不再是高校选拔新生的唯一标准，不只看谁考的分数高，而是看谁更有发展潜力、更有创造性，综合素质更高，从而实现由"招分"向"招人"的转变。而这绝不是仅凭一张高考试卷能够区分出来的，"机械刷题"无助于全面发展，必须在课内学习的基础上，辅之以内容广泛的课外阅读，才能全面提高综合素养。

三、"爱阅读"助力成长

这套《爱阅读·课本里的作家》丛书是为中小学生读者量身打造的，符合《义务教育语文课程标准》倡导的"好读书、读好书、读整本的书"的课改理念，可以作为学生课内学习的有益补充。我一向认为，要学好语文，一要读好三本书，二要写好两篇文，三要养成四个好习惯。三本书指"有字之书""无字之书""心灵之书"，两篇文指"规矩文"和"放胆文"，四个好习惯指享受阅读的习惯、善于思考的习惯、乐于表达的习惯和自主学习的习惯。古人说"读万卷书，行万里路"，实际上就是要处理好读书与实践的关系。对于中小学生来说，读书首先是读好"有字之书"。"有字之书"，有课本，有课外自读课本，还有"爱阅读"这样的课外读物。读书时我们不能眉毛胡子一把抓，要区分不同的书，采取不同的读法。一般说来，读法有精读，有略读。精读需要字斟句酌，需要咬文嚼字，但费时费力。当然也不是所有的书都需要精读，可以根据自己的需要决定精读还是略读。新课标提倡中小学生进行整本书阅读，但是学生往往不能耐着性子读完一整本书。新课标提倡的整本书阅读，主要是针对过去的单篇教学来说的，并不是说每本书都要从头读到尾。教材设计的练习项目也是有弹性的、可选择的，不可能有统一的"阅读计划"。我的建议是，整本书阅读应把精读、略读与浏览结合起来，精读重在示范，略读重在博览，浏览略观大意即可，三者相辅相成，不宜偏于一隅。不仅如此，学生还可以把阅读与写作、读书与实践、课内与课外结合起来。整本书阅读重在掌握阅读方法，拓展阅读视野，培养读书兴趣，养成阅读习惯。

再说写好两篇文。学生读得多了，素养提高了，自然有话想说，有自己的观点和看法要发表。发表的形式可以是口头的，也可以是书面的，书面表达就是写作。写好两篇文，一篇规矩文，一篇放胆文。规矩文重打基础，放胆文更见才气。规矩文要求练好写作基本功，包括审题、立意、选材、构思等，同时还要掌握记叙文、议论文、说明文、应用文的基本要领和写作规范。规矩文的写作要在教师的指导下进行。放胆文则鼓励学生放飞自我、大胆想象，各呈创意、各展所长，尤其是展现自己的写作能力、语言表达能力、批判性思维能力和辩证思维能力。放胆文的写作可以多种多样，除了大作文，也可以写小作文。有兴趣的学生还可以进行文学创作，写诗歌、小说、散文、剧本等。

学习语文还要养成四个好习惯。第一，享受阅读的习惯。爱阅读非常重要，每个同学都应该有自己的个性化书单。有的同学喜欢网络小说也没有关系，但需要防止沉迷其中，钻进"死胡同"。这套《爱阅读·课本里的作家》丛书，给中小学生课外阅读提供了大量古今中外的名家名作。第二，善于思考的习惯。在这个大众创业、万众创新的时代，创新人才的标准，已不再是把已有的知识烂熟于心，而是能够独立思考，敢于质疑，能够自己去发现问题、提出问题和解决问题，需要具有探究质疑能力、独立思考能力、批判性思维和辩证思维能力。第三，乐于表达的习惯。表达的乐趣在于说或写的过程，这个过程比说得好、写得完美更重要。写作形式可以不拘一格，比如作文、日记、笔记、随笔、漫画等。第四，自主学习的习惯。我的地盘我做主，我的语文我做主。不是为老师学，也不是为父母长辈学，而是为自己的精神成长学，为自己的未来学。

愿广大中小学生能借助这套《爱阅读·课本里的作家》丛书，真正爱上阅读，插上想象的翅膀，飞向未来的广阔天地！

目录

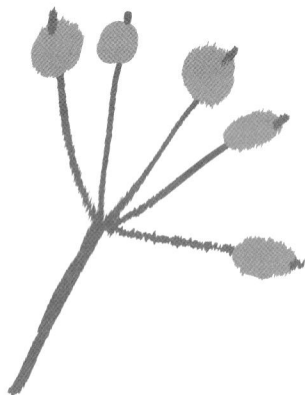

我爱读课文

原文赏读

慈母情深

体　　裁：散文

作　　者：梁晓声

创作时间：当代

作品出处：部编版语文五年级（上册）

内容简介：少年时，"我"渴望拥有一本《青年近卫军》，于是到母亲上班的地方去向母亲要买书的钱，"我"才目睹了母亲挣钱的辛苦和不容易。在如此艰难的环境下，母亲仍然给了"我"买书的钱。于是，"我"有了自己的第一本长篇小说。

///////////////// 读前导航 /////////////////

阅读准备

　　梁晓声是中国文坛的常青树。他的作品可大致分为两类：一类是"知青小说"，表现一代知识青年在广大农村地区生活时所展现出的理想追求和人格魅力，热情讴歌了知识青年在艰苦环境中的英雄主义精神；另一类作品则是纪实文学，作品取材于城镇、农村、学校、家庭等领域的生活，情感真挚，思想深刻，体现出鲜明的纪实风格。他通过作品把生活在社会低层的小人物的酸甜苦辣展现在读者面前，引起读者的强烈共鸣，并带给他们深刻的思考。

目标我知道

学习目标	会写"抑、碌、吊、酷"等生字 会认"魄、颓、纫、褐、龟、耽"等生字
学习重点	默想课文，体会描写的场面和细节
学习难点	理解文中反复出现的词语的表达效果，并学会使用

/////////////// **精彩赏读** ///////////////

课本原文

慈母情深

①我一直想买一本长篇小说——《青年近卫军》。书价一元多钱。

②母亲还从来没有一次给过我这么多钱。我也从来没有向母亲一次要过这么多钱。

③但我想有一本《青年近卫军》，想得整天失魂落魄。

④我从同学家的收音机里听到过几次《青年近卫军》的连续广播。那时我家的破收音机已经卖了，被我和弟弟妹妹们吃进了肚子里。

⑤在自己对自己的怂恿之下，我来到母亲上班的地方，向母亲要钱。母亲那一年被铁路工厂辞退了，为了每月二十七元的收入，又在一个加工棉胶鞋帮的

【失魂落魄】形容惊慌异常或心神不宁、精神恍惚，或因受强烈的刺激而行动失常。

[1] 说明这"二十七元"钱对维持"我们"家的生活是非常重要的,反映出当时"我们"家生活的拮据。

街道小厂上班。[1]

【第一部分(①—⑤段):交代事情发生的缘由。"我"渴望买一本一元多钱的书,但由于家境贫寒,这是一件很难实现的事情。可是想要看书的强烈愿望还是让"我"走进了母亲上班的小厂。】

⑥ 那是我第一次到母亲为我们挣钱的那个地方。

⑦ 空间非常低矮,低矮得使人感到压抑。不足二百平米的厂房,四壁潮湿颓败。七八十台破缝纫机一行行排列着,七八十个都不算年轻的女人忙碌在自己的缝纫机旁。因为光线阴暗,每个女人的头上方都吊着一只灯泡。正是酷暑炎夏,窗不能开,七八十个女人的身体和七八十只灯泡所散发的热量,使我感到犹如身在蒸笼。

[2] 神态描写。"呆呆"一词是对"我"当时神情的刻画,表现出"我"不敢相信母亲所处的环境如此恶劣,工作如此辛劳。这些令"我"的内心极度震惊和不安。

⑧ 我呆呆[2]地将那些女人扫视一遍,却发现不了我的母亲。

⑨ 七八十台缝纫机发出的噪声震耳欲聋。

⑩ "你找谁?"一个老头对我大声嚷。

⑪ "找我妈!"

⑫ "你妈是谁?"

⑬ 我大声说出了母亲的名字。

⑭ "那儿!"

⑮ 老头朝最里边的一个角落一指。

⑯ 我穿过一排排缝纫机,走到那个角落,看见一个极其瘦弱的脊背弯曲着,头凑到缝纫机板上。[3]周围几只灯泡烤着我的脸。

【震耳欲聋】震:震动。把耳朵震得快要聋了。形容声音极大。

[3] 外貌描写。此处刻画出一个瘦弱的母亲的形象。

⑰ "妈——"

⑱ "妈——"

⑲ 背直起来了，我的母亲。转过身来了，我的母亲。褐色的口罩上方，一对眼神疲惫的眼睛吃惊地望着我，我的母亲的眼睛……

⑳ 母亲大声问："你来干什么？"

㉑ "我……"

㉒ "有事快说，别耽误妈干活！"

㉓ "我……要钱……"

㉔ 我本已不想说出"要钱"两字，可是竟说出来了！

㉕ "要钱干什么？"

㉖ "买书……"

㉗ "多少钱？"

㉘ "一元五角就行……[1]"

㉙ 母亲掏衣兜，掏出一卷揉得皱皱的毛票，用龟裂的手指数着。

㉚ 旁边一个女人停止踏缝纫机，向母亲探过身，喊："大姐，别给！没你这么当妈的！供他们吃，供他们穿，供他们上学，还供他们看闲书哇！"接着又对我喊："你看你妈这是在怎么挣钱？你忍心朝你妈要钱买书哇？"

㉛ 母亲却已将钱塞在我手里了，大声回答那个女人："谁叫我们是当妈的呀！我挺高兴他爱看书的！"

㉜ 母亲说完，立刻又坐了下去，立刻又弯曲了背，立刻又将头俯在缝纫机板上了，立刻又陷入手脚并用

【耽误】因拖延或错过时机而误事。

[1] "我"说的每句话里都用了省略号，表示说话吞吞吐吐，从中可以看出"我"内心对"要钱"这件事还是十分迟疑和懊悔的。

【龟裂】皮肤因寒冷干燥而开裂。

的机械忙碌状态……

㉝那一天我第一次发现，母亲原来是那么瘦小！那一天我第一次觉得自己长大了，应该是一个大人了。

㉞我鼻子一酸，攥着钱跑了出去……

【第二部分（⑦—㉞段）：写出了"我"向母亲要钱的经过。在这个小厂里，"我"看到了母亲劳苦的工作状态，但是当"我"说出想要买一本书的时候，母亲毫不犹豫地把钱给了"我"。】

㉟那天，我用那一元五角钱给母亲买了一听水果罐头。

[1] 写母亲的数落，更加突出母亲的善良和慈爱。

㊱"你这孩子，谁叫你给我买水果罐头的！不是你说买书，妈才舍不得给你这么多钱呢！"[1]

㊲那一天母亲数落了我一顿。数落完，又给我凑足了买《青年近卫军》的钱。我想我没有权利用那钱再买任何别的东西，无论为我自己还是为母亲。

㊳就这样，我有了第一本长篇小说……

【第三部分（㉟—㊳段）：交代了事情的结果。"我"拿到钱没有买书，却给母亲买了水果罐头，但母亲却又给"我"凑足了买书的钱。】

作品赏析

这篇精读课文讲述了"我"的母亲在家境极端贫困的情况下，毫不犹豫地给"我"钱让"我"买想要阅读的《青年近卫军》这本小说的故事，体现了母亲对子女无私的爱，也表达了"我"对母亲的爱和感激。本篇课文中的细节描写尤为精彩。所谓细节描写是指文学作品中对一些富有艺术表现力的细小事物、人物的细微的举止行动及景物等的具体而细腻的描写。关于细节描写，我们可以选择那些与文章主题紧密相关的细节来写，可以对描写对象的动作进行细致入微的刻画，也可以运用修辞方法来更生动地表达细节。

/////////////////////////积累与表达/////////////////////////

字词我来记

会写的字

cí	部首	笔画	结构	造字	组词
辞	舌	13	左右	会意	辞行 义不容辞
	辨字	辟（开辟 开天辟地） 辛（辛酸 艰辛）			
字义	1.解雇。2.告别。3.不接受，请求离去。				
造句	我们应该义不容辞地担当起这个任务。				

yì	部首	笔画	结构	造字	组词
抑	扌	7	左右	会意	抑制 抑扬顿挫
	辨字	仰（瞻仰 信仰） 迎（欢迎 迎难而上）			
字义	向下按；压制。				
造句	她听到这个消息，简直无法抑制内心的激动。				

lù	部首	笔画	结构	造字	组词
碌	石	13	左右	形声	忙碌 碌碌无为
	辨字	绿（绿色 花红柳绿） 录（录音 录像）			
字义	1.事物繁杂。2.平凡（指人）。				
造句	人们为什么都在忙碌呢？				

diào	部首	笔画	结构	造字	组词
吊	口	6	上下	象形	吊灯 吊销
	辨字	另（另外 另请高明） 市（城市） 呆（呆若木鸡 发呆）			
字义	1.悬挂。2.用绳子等系着向上提或向下放。				
造句	这顶新安装的吊灯十分别致。				

kù	部首	笔画	结构	造字	组词
酷	酉	14	左右	形声	酷暑 酷爱
	辨字	皓（皓月当空） 醒（醒悟） 配（分配 配药）			
字义	1.极，表示程度深。2.残酷，暴虐、残忍的。				
造句	小明酷爱文学，读了很多中外名著。				

shǔ	部首	笔画	结构	造字	组词
暑	日	12	上下	形声	暑假 寒来暑往
	辨字	署（署名 警署） 薯（马铃薯） 曙（曙光 曙色）			
字义	热。				
造句	这个暑假要过得有意义。				

zào	部首	笔画	结构	造字	组词
噪	口	16	左右	会意	噪音 聒噪
	辨字	澡（洗澡） 燥（燥热 干燥） 躁（急躁 不骄不躁）			
字义	1.许多鸟或虫子乱叫。2.许多人大声吵嚷。				
造句	他的吉他发出一声仿佛木尺弹在课桌上的噪音。				

jǐ	部首	笔画	结构	造字	组词
脊	月	10	上下	会意	山脊 屋脊 书脊
	辨字	肴（菜肴 美味佳肴） 背（背景 倒背如流）			
字义	1.人和动物背中间的骨头。2.物体中间高起、形状像脊状的部分。				
造句	珠穆朗玛峰高高地耸立在世界屋脊。				

jìng	部首	笔画	结构	造字	组词
竟	音	11	上下	会意	竟然 究竟
	辨字	竞（竞赛 竞技） 境（环境 境界）			
字义	1.居然，表示出乎意料。2.终了，完毕。				
造句	这么大的工程竟然只用半年就完成了。				

jūn	部首	笔画	结构	造字	组词
龟	龟	7	上下	象形	龟裂
	辨字	电（电话 电闪雷鸣） 角（三角形）			
字义	土地裂开很多缝子。				
造句	天气干旱日久，稻田都龟裂了。				

wa	部首	笔画	结构	造字	组词
哇	口	9	左右	形声	多好哇 快跑哇
	辨字	洼（水洼） 桂（桂花） 挂（悬挂 不足挂齿）			
字义	助词（前面紧挨着的音一定是u、ao、ou等结尾的）。				
造句	多好哇，这次朗诵比赛时你没有紧张。				

rěn	部首	笔画	结构	造字	组词
忍	心	7	上下	形声	忍受 忍气吞声
	辨字	思（思念） 念（想念 念念有词）			
字义	1.狠心，残酷。2.忍耐，把感觉或感情压住不表现出来。				
造句	他默默地忍受着病痛的折磨。				

xiè	部首	笔画	结构	造字	组词
械	木	11	左右	形声	机械化 器械
	辨字	诫（告诫 诫勉） 戒（戒心 戒备森严）			
字义	1.器物，家伙。2.武器。3.刑具				
造句	现在各行各业大部分都是机械化生产了。				

suān	部首	笔画	结构	造字	组词
酸	酉	14	左右	形声	酸菜　酸味
	辨字	酷（酷暑）　醒（醒悟）　配（分配　配药）			
字义	1.像醋的气味或味道。2.悲痛；伤心。				
造句	我最爱吃的一道菜是酸菜白肉。				

quán	部首	笔画	结构	造字	组词
权	木	6	左右	形声	权利 权力 权柄
	辨字	劝（劝导　劝解）　杈（树杈）			
字义	1.权利。2.权力，权柄，职责范围内支配和指挥的力量。				
造句	每一个孩子都享有受教育的权利。				

会认的字

pò	组词
魄	气魄 魄力

tuí	组词
颓	颓丧 颓垣断壁

rèn	组词
纫	缝纫 纫针

hè	组词
褐	褐色 褐煤

bèi	组词
惫	衰惫 疲惫

dān	组词
耽	耽误 耽搁

多音字

龟　┌─ guī　（乌龟）（龟甲）
　　├─ jūn　（龟裂）
　　└─ qiū　（龟兹 cí）

辨析： 表示"爬行动物"时，读 guī，如：乌龟、龟甲；表示"皮肤因寒冷或干燥而开裂"时，同"皲"，读jūn，如：龟裂；用于"龟兹"一词中时，读qiū。

近义词

压抑—压制   疲惫—疲倦   耽误—耽搁

震耳欲聋—震天动地

反义词

连续—间断   疲惫—轻松   立刻—迟缓

失魂落魄—神色自若

日 积 月 累

1.背直起来了，我的母亲。转过身来了，我的母亲。褐色的口罩上方，一对眼神疲惫的眼睛吃惊地望着我，我的母亲的眼睛……

2.母亲掏衣兜，掏出一卷揉得皱皱的毛票，用龟裂的手指数着。

3.母亲说完，立刻又坐下去，立刻又弯曲了背，立刻又将头俯在缝纫机板上了，立刻又陷入手脚并用的机械忙碌状态……

读 后 感 想

读《慈母情深》有感

"我挺高兴他爱看书的！"这是《慈母情深》一文中那位母亲对儿子和工友说的话。读着这句话，我的心久久不能平静。

《慈母情深》是梁晓声先生的作品，主要写的是作者小时候想要买一本《青年近卫军》，就跑到了他妈妈工作的地方向妈妈要钱买书。虽然作者母亲的工友极力反驳，不让母亲给作者买书，但是母亲还是给了作者一卷揉得皱皱的毛票，并说了上文的那句话。

那一卷毛票被作者的母亲揉得皱皱的，但是作者却感到那一卷毛票异常珍贵，因为那里面散发着母爱温暖而柔和的光芒。

"我挺高兴他爱看书的！"作者的母亲一定是自己用省吃俭用、从牙缝里省下来的钱支持儿子买所谓的"闲书"，只为了"我挺高兴他爱看书的！"

母亲是世界上最能为子女奉献一切的人。作者手里那一卷揉得皱皱的毛票，带着母亲的体温，包含着母亲对儿子深深的爱，也印证了"母爱无痕"这句话。

精彩语句

1. 我挺高兴他爱看书的。

文章一共三次写到"我挺高兴他爱看书的"，说明母亲是一个识大体的人，她深刻明白读书的重要性，所以很支持儿子读书。

2. 母亲是世界上最能为子女奉献一切的人。作者手里那一卷揉得皱皱的毛票，带着母亲的体温，包含着母亲对儿子深深的爱，也印证了"母爱无痕"这句话。

文章最后一段点题，点明了母爱的伟大、无私。

妙笔生花

读过梁晓声的《慈母情深》，你看到作者是怎样描写这件事情的吗？试着总结一下，也尝试着记录你在点滴生活中体会到的母爱吧！

_____

_____

_____

_____

_____

/////////////////////// 知识乐园 ///////////////////////

一、用"\"划去加点字的错误读音。

魄力（pò bò）   抑制（yǐ yì）

噪音（zào zhào）   网兜（dōu dōu）

二、在下面的括号里填上合适的词语。

失魂落魄的（   ）

潮湿颓败的（   ）

震耳欲聋的（   ）

抑扬顿挫的（   ）

三、选字填空。

给   看   踏   供   探

旁边一个女人停止_____缝纫机，向母亲_____过身，喊："大姐，别_____！没你这么当妈的！_____他们吃，供他们穿，供他们上学，还供他们_____闲书哇！"接着又对我喊："你看你妈这是在怎么挣钱？你忍心朝你妈要钱买书哇？"

四、考考你的积累。

1.如今直上银河去，_____。

2._____；不积小流，无以成江海。

3.徐庶进曹营（歇后语）——（   ）

4.地满红花红满地（回文联）——（   ）

五、想一想这篇课文的作者是如何描写妈妈上班的环境的。你见过父母工作时的样子吗？或者让爸爸妈妈给你介绍一下，试着将其写下来吧。

作家经典作品

自主阅读

我的父母

一九四九年九月二十二日，我出生在哈尔滨市安平街一个人家众多的大院里，我的家是一间半低矮的苏式房屋。邻院是苏联侨民的教堂，我从小听惯了教堂的钟声。

父亲目不识丁，祖父也目不识丁，原籍为山东省荣成县温泉寨村①。上溯十八代乃至二十八代、三十八代，尽是文盲，尽是穷苦农民。

父亲十几岁时，因生活所迫，随村人"闯关东"来到了哈尔滨。

他是我们家族史上的第一个工人——建筑工人。他转折了我们这一梁姓家族的成分。我在小说《父亲》中，用两万余纪实性的文字，为他这一个中国的农民出身的"工人阶级"立了一篇小传。从转折的意义讲，他是我们家族史上的一座丰碑。

父亲对我走上文学道路从未施加过任何有益的影响，不仅因为他是文盲，也因为从一九五六年起，在我七岁的时候，他便离开哈尔滨市建设大西北去了。从此每隔两三年他才回家与我们团聚一次，我下乡以后，与父亲团聚一次更不易了。在我的记忆中，父亲是反对我们几个孩子看"闲书"的。见我们捧着一本什么小说看，他就生气。看"闲书"是他这位父亲无法忍受的"坏毛病"。父亲常因母亲给我们钱买"闲书"而对母亲大发其火。家里穷，父亲一个人挣钱养家糊口，也真难为他。每一分钱都是他用汗水换来的。父亲

----

① 荣成县，1988年撤县设市，为荣成市。温泉寨村现属于山东省威海市环翠区。

的工资仅够勉强维持一个市民家庭最低水平的生活。

母亲也是文盲。外祖父去读过几年私塾，是新中国成立前东北某农村的农民口中"识文断字"的人，故而同是文盲，母亲与父亲不大一样。父亲是个崇尚力气的文盲，母亲是个崇尚文化的文盲。崇尚相左，对我们几个孩子寄托的希望也便截然对立。父亲希望我们将来都能靠力气吃饭，母亲希望我们将来都能成为靠文化自立于社会的人。父亲的教育方式是严厉的训斥和惩罚，父亲是将"过日子"的每一样大大小小的东西都看得很贵重的。母亲的教育堪称真正的教育，她注重人格、品德、礼貌和学习方面。值得庆幸的是，父亲常年在大西北，我们从小接受的是母亲的教育。母亲的教育至今仍对我为人处世深有影响。

母亲从外祖父那里知道许多书中的人物和故事，而且听过一些旧戏，乐于将书中或戏中的人物和故事讲给我们听。母亲年轻时记忆强，什么戏剧、什么故事，只要听过一遍，就能详细记住。有些戏中的台词唱段，几乎能只字不差地复述。母亲善于讲故事，讲时带有很浓的个人感情色彩。我从五六岁开始，就从母亲口中听到过"包公传""济公传""杨家将""岳家将""侠女十三妹"的故事。母亲是个很善良的女人，善良的女人大多喜欢悲剧。母亲尤其愿意尤其善于讲悲剧故事"秦香莲""风波亭""杨业碰碑""赵氏孤儿""陈州放粮""王宝钏困守寒窑""三勘蝴蝶梦""钓金龟""牛郎织女""天仙配""水漫金山寺""劈山救母""杜十娘怒沉百宝箱"……母亲边讲边落泪，我们边听边落泪。

我于今在创作中追求悲剧情节、悲剧色彩，不能自已地在字里行间流溢浓重的主观感情色彩，可能正是由于小时候听母亲带着她浓重的主观感情色彩讲了许多悲剧故事的结果。我认为，文学对于一个作家儿童时代的心灵所形成的直接或间接的影响，对一个作家在某一时期或某一阶段的创作风格起着"先天"的、潜意识的作用。

母亲在我们小时候给我们讲故事，当然绝非想要把我们都培养成为作家，而仅靠听故事，一个儿童也不可能直接走上文学道路。

我们所住的那个大院，人家多，孩子也多。我们穷，因为穷而在那个大院中受着种种歧视。父亲远在大西北，因为家中没有一个男人而受着种种欺辱。我们是那个市民大院中的人下人。母亲用故事将我们吸引住，而不是"囚禁"在家中，免得我们在大院里受欺辱或惹是生非，同时用故事排遣她自己内心深处的种种愁苦。

这样的情形至今仍常常浮现在我眼前：电灯垂得很低，母亲一边在灯下给我们缝补衣服，一边用凄婉的语调讲着她那些凄婉的故事。我们几个孩子，趴在被窝里，露出脑袋，瞪大眼睛凝神谛听，讲到可悲处，母亲与我们唏嘘一片。

如果谁认为一个人没有导师就不可能走上文学道路的话，那么我的回答是："我的第一位导师，是母亲。"我始终认为这是我的幸运。

如果我认为我的母亲是我文学上的第一位导师不过分，那么也可以说我的小学语文老师是我文学上的第二位导师。假若在我的生活中没有过她们，我今天也许不会成为作家。

过年的"断想"

我曾问儿子："是不是经常盼着自己快快长大？"

他摇头断然地回答："不！"

我也曾郑重地问过其他的小朋友们同样的话，他们都摇头断然地回答并不盼着自己快快长大，说长大了多没意思哇。现在才是小学生，每天上学就够累了。长大了每天上班岂不更累了？连过年过节都会变成一件累事儿。多没劲啊！瞧你们大人，年节前忙忙碌碌的，年节还没过完往往就开始抱怨，仿佛是为别人忙碌、为别人过的……

是的，生活在无忧无虑环境之中的孩子是不会盼着自己快快长大的。他们本能地推迟对某种责任感的承担。而一个穷人家庭里的孩子，却会像盼着穿上一件新衣服似的，盼着自己早一天长大。他们或她们，本能地企望能早一天为家庭承担起某种责任。《红灯记》里的李玉和，不是曾这么夸奖过女儿吗？"提篮小卖拾煤渣，担水劈柴也靠她，里里外外一把手，穷人的孩子早当家。"

我从童年起，就是一个早当家的穷人的孩子。

有时我瞧着自己的儿子，在心里默默地问我自己：我十二岁的时候，真的每天要和比我小两岁的弟弟到很远的地方去抬水吗？真的每天要做两顿饭吗？真的每个月要拉着小板车买一次煤和烧柴吗？那加在一起可是五六百斤啊！在做饭时，真的能将北方熬粥的直径两尺的大铁锅端起来吗？在买了粮后，真的能扛着二三十斤重的粮袋子，走一站多路回到家里吗？……

连我自己也不敢相信，残存在记忆之中的童年和少年时期的生活情形都是真的。而又当然是真的，不是梦……

由于家里穷，我小时候顶不愿过年过节。因为年节一定要过，总得有过年过节的一份儿钱。不管多少，不比平时的月份多点儿钱，那年那节可怎么个过法呢？但远在万里之外的四川工作的父亲，每个月寄回家里的钱，仅够维持最贫寒的生活。我从很小的时候就懂得体恤父亲。他是一名建筑工人。他这位父亲活得太累太累，一个人挣钱，要养活包括他自己在内的一大家子七口人。他何尝不愿每年都让我们——他的子女，过年过节时都穿上新衣裳，吃上年节的饭菜呢？我们的身体年年长，他的工资却并不年年涨。他总不能将自己的肉割下来，血灌起来，逢年过节寄回家啊。如果他是可以那样的，我想他一定会那样。而实际上，我们也等于是靠他的血汗哺养着……

穷孩子们的母亲，逢年过节时是尤其令人怜悯的。这时候，人与鸟兽相比，便显出了人的无奈。鸟兽的生活是无年节之分的，故它们的母亲也就无须在某些日子将来临时，惶惶不安地日夜想着自己格外应尽什么义务似的。

我讨厌过年过节完全是我因为看不得母亲不得不向邻居借钱时必须鼓起勇气又实在鼓不起多大勇气的样子。那时母亲的样子最使我心里暗暗难过，我们的邻居也都是些穷人家。穷人家向穷人家借钱，尤其逢年过节，大概是最不情愿的事之一。但年节客观地横现在日子里，不借钱则打发不过去。当然，不将年节当成年节，也是可以的。

但那样一来，母亲又会觉得太对不起她的儿女们。借钱之前也是愁，借钱之后仍是愁，借了总得还的。总不能等我们都长大了，都挣钱了再还。母亲不敢多借。即或是过春节，一般总借二十元。有时邻居们会善良地问够不够，母亲总说："够！够……"许多年的春节，我们家都是靠母亲借的二十元过的。二十元过春节，在今天看来仿佛是不可思议之事，当年也真难为了母亲……

记得有一年过春节，大约是我十四岁上初中一年级的那一年，我坚决地对母亲说："妈，今年春节，你不要再向邻居们借钱了！"

母亲叹口气说："不借可怎么过呢？"

我说："像平常日子一样过呗！"

母亲说："那怎么行？你想得开，还有你弟弟妹妹们呢！"

我将家中环视一遍，又说："那就把咱家这对破箱子卖了吧！"

那是母亲和父亲结婚时买的一对箱子。

见母亲犹豫，我又补充了一句："等我长大了，能挣钱了，买更新的、更好的！"

母亲同意了。

第二天，母亲帮我将那一对破箱子捆在一只小爬犁上，拉到街市去卖。从下午等到天黑，没人买。我浑身冻透了，双脚冻僵了。后来终于冻哭了，哭着喊："谁买这一对儿箱子啊……"

我将两只没人买的破箱子又拖回了家。一进家门，我扑入母亲怀中，失声大哭……

母亲也落泪了。母亲安慰我："没人买更好，妈还舍不得卖呢……"

母亲告诉我，她估计我卖不掉，已借了十元钱。这些钱不过不是向同院的邻居借的，而是从城市这一端走到那一端，向从前的老邻居借的，向我出生以前的一家老邻居借的……

如今，我真想哪一年的春节，和父母、弟弟妹妹聚在一起，过一次春节，而父亲已经去世了，母亲牙全掉光了，什么好吃的东西也嚼不动了，只有看着的份儿。弟弟妹妹们已都成家了，做了父母了。往往针对我的想法说："哥你又何必分什么年节呢！你什么时候高兴团聚，什么时候便当是咱们的年节呗！"

是啊，毕竟，生活都好过些，年节的意义，对大人也就不那么重要了。

所以，我现在也就不太把年当年，把节当节了，正如从来不为自己过生日。便是有所准备地过年过节，多半也是为了儿女高兴……

母亲养蜗牛

母亲是住惯了大杂院的。

大杂院自有大杂院的温馨。邻里处得好，仿佛是一个大家庭。故母亲初住在北京的我这里时，被寂寞所围的情形简直令我感到凄楚。单位只有一幢宿舍楼，大部分职工是中青年，当然不是母亲聊天的对象。由于年龄、经历、所关注事物之不同，除了工作方面的话题，甚至也不是我的聊天对象。我是早已习惯了寂寞的人，视清静为一天的好运气，一种特殊的享受，而且我也早已习惯了自己和自己诉说，习惯了心灵的独白。那最佳方式便是写作。稿债多多，默默地落笔自语，成了我无法改变的生活定律。

我们住的这幢楼，大多数日子，几乎是一幢空楼。白天是，晚上仿佛也是。人们在更多的时候不属于家，而属于摄制组。于是母亲几乎便是一位被"软禁"的老人了……

为了排遣母亲的寂寞，我向北京电影制片厂借了一只鹦鹉，就是电影《红楼梦》中黛玉养在"潇湘馆"的那一只。一个时期内，它成了母亲的伴友，常与母亲对望着，听母亲诉说不休。偶尔发一声叫，或嘎唔一阵，似乎就是"对话"了。但它有"工作"，是"明星"，不久又被"请"去拍电影了。母亲便又陷入寂寞和孤独的苦闷之中……

幸而住在我们楼上的人家"雪中送炭"，赠予母亲几只小蜗牛，并传授饲养方法，交代注意事项。那几个小东西，只有小指甲的一半儿那么大，呈粉红色，半透明，隐约可见内中居住着不轻易外出的胎儿似的小生命。其壳看上去极薄极脆，似乎不小心用指头一碰，便会碎了。

母亲非常喜欢它们，视若宝贝，将它们安置在一个漂亮的装过茶叶的铁盒儿里，还预先垫了潮湿的细沙。有了那么几个小生命，母亲似乎又有了需精心照料和养育的儿女了。七十多岁的老太太，仿佛又变成了一位责任感很强的年轻的母亲。

她要经常将那小铁盒儿放在窗台上，盒盖儿敞开一半，使那些小东西能够晒晒太阳。并且，要很久很久地守着，看着，怕它们爬到盒子外边，爬丢了。就好比一位母亲守在床边儿，看着婴儿在床上爬，满面洋溢着母爱，一步不敢离开。唯恐一转身之际，婴儿会摔在地上似的。

连雨天，母亲担心那些小生命着凉，就将茶叶盒儿放在温水中，使沙子能被温水焐暖些。它们爱吃的是白菜心儿、苦瓜、冬瓜之类，母亲便将这些蔬菜最好的部分，细细剁了，撒在盒儿内。一次不能撒多，多了，它们吃不完，腐烂在盒儿内，则必会影响"环境卫生"，有损它们健康。

它们是些很胆怯的小生命，盒子微微一动，立即缩回壳里。它们又是些天生的"居士"，更多的时候，足不出"户"，深钻在沙子里，如同专执一念打算成仙的得道之人，早已将红尘看破，排除一切凡间滋扰，"猫"在深山古洞内苦苦修行。它们又是那么的羞涩，宛如大门不出二门不迈的名门闺秀。正应了那句话："真人不露相，露相不真人。"偶尔潜出"闺阁",总是缓移"莲步",像提防好色之徒攀墙缘树偷窥芳容玉貌似的。觉得安全,则便与它们的"总角之好"在小小的"后花园"比肩而行。或一对对,隐于一隅,用细微的触角互相爱抚、表达亲昵……

母亲日渐一日地对它们有了特殊的感情。那种感情,是与小生命的一种无言的心灵之倾诉和心灵之交流。而那些甘于寂寞、与世无争、与同类无争的小生命,也向母亲奉献了愉悦的观赏的乐趣。有时,我为了讨母亲的欢心,常停止写作,与母亲共同观赏……

八岁的儿子也对它们产生了浓厚的兴趣,也开始经常捧着那漂亮的小蜗牛们的"城堡"观赏。那一种观赏的眼神儿,闪烁着希望之光。都是希望之光,但与母亲观赏时的眼神儿,有着质的区别……

"奶奶,它们怎么还不长大啊?"

"快了,不是已经长大一些了吗?"

"奶奶,它们能长多大呀?"

"能长到你的拳头那么大呢!"

"奶奶,你吃过蜗牛吗?"

"吃?……"

"我们同学就吃过,说可好吃了!"

"哦……兴许吧……"

"奶奶,我也要吃蜗牛!我要吃辣味儿蜗牛!我还要喝蜗牛汤!我同学的妈妈说可有营养了!小孩儿常喝蜗牛汤聪明……"

"这……"

"奶奶,你答应我嘛!"

"它们现在还小哇……"

"我有耐性等它们长大了再吃它们。不，我要等它们生出小蜗牛以后再吃它们。这样我不就永远可以吃下去了吗？奶奶你说是不是？……"

母亲愕然。

我阻止他："不许你存有这份念头！不许你再跟奶奶说这种话！难道缺你肉吃了吗？馋鬼，你是一头食肉动物哇？"

儿子眨巴眨巴眼睛，受了天大委屈似的，一副要哭的模样。

母亲便哄道："好，好，等它们长大了，奶奶一定做了给你吃。"

我说："不能什么事儿都依他！由我替奶奶保护它们，看谁敢再提要吃它们！"

儿子理直气壮地说："吃猪肉、羊肉、牛肉可以，吃鸡肉可以，吃烤鸭可以，为什么吃蜗牛就不行？"

我晓之以理："我们吃的是肉……"

儿子说："我想吃的也是蜗牛肉呀，我说吃它们的壳了吗？"

我说："你得明白，人自己养的东西，是舍不得弄死了吃的。这个道理，是尊重生命的道理……"

儿子顶撞我说："你骗小孩儿！你尊重生命了吗？上次别人送给你的蚕茧儿，活着的，还在动呢，你就给用油炸了！奶奶不吃，妈妈不吃，我也不吃，全被你一个人吃了！我看你吃得可香呢！……"

我无言以对。

从此，儿子似乎更认为，首先在理论上，有极其充分的、天经地义的、无可辩驳的吃蜗牛的根据了……

从此，母亲观看那些小生命的时候，儿子肯定也凑过去观看……

先是，儿子问它们为什么还没长大，而母亲肯定地回答："它们分明已经长大了……"

后来是，儿子确定地说，它们分明已经长大了，不是长大了些，而是长大了许多，而母亲总是摇头：根本就没长……

然而，不管母亲怎么想，怎么说，也不管儿子怎么想，怎么说，那些小小的生命，的的确确是天天长大着。在母亲的精心饲养下，长得很迅速。壳儿开始变黑了，变硬了，不再是些仿佛不经意地用指头轻轻一碰就易破碎的小东西了。它们的头和它们的柔软的身躯，从它们背着的"房屋"内探出时，也有形有状了，憨态可掬，很有妙趣了。它们的触角，也变粗变长了，俩俩一对儿，在盒之一隅"卿卿我我""耳鬓厮磨"之际，更显得"情意缠绵""斯文百种"了……

那漂亮的茶叶盒儿，对它们来说未免显得小了。

于是母亲将它们移入另一个盒子里，一个装过饼干的更漂亮的盒子。

"奶奶，它们就是长大了吧？"

"嗯，就是长大了呢……"

"奶奶，它们再长大一倍，就该吃它们了吧？"

"不行，得长到和你拳头一般儿大。你不是说要等它们生出小蜗牛之后再吃它们吗？"

"奶奶，我不想等到那时候，我只吃一次，尝尝什么味儿就行了……"

母亲默不作答。

我认为有必要和儿子进行一次更郑重更严肃些的谈话。一天，趁母亲不在家，我将儿子扯至跟前，言衷词切，对他讲："奶奶抚养爸爸、叔叔和姑姑成人，一生含辛茹苦，忍辱负重，是多么的不容易。

自爷爷去世后，奶奶的一半，其实也已随着爷爷而去了。爸爸的活法又是写作，有心挤出更多的时间陪奶奶，也往往心恳而做不到。爸爸的时间，常被某些不相干的人不相干的事侵占了去，这是爸爸对奶奶十分内疚而无奈的。奶奶内心的孤独和寂寞，是爸爸虽理解也难以帮助排遣的。为此爸爸曾买过花，买过鱼。可养花养鱼，需要些专门的常识。奶奶养不好，花死了，鱼也死了。那些小小的蜗牛，奶奶倒是养得不错，而你还天天盼着吃了它们，你对吗？……"

儿子低下头说："爸爸。我明白了……"

我问："你明白什么了？"

儿子说："如果我吃了蜗牛，便是吃了奶奶的那一点儿欢悦……"

我说："既然你明白了，以后再也不许对奶奶说吃不吃蜗牛的话了！"

儿子一副信誓旦旦的模样，诺诺连声。果然再不盼着吃辣味儿蜗牛、喝蜗牛汤了。甚至，再不关注那更漂亮的蜗牛们的新居了……

一天，我下班回到了家里，母亲已做好晚饭，一一摆上桌子。母亲最后端的是一盆儿汤，对儿子说："你不是要喝蜗牛汤吗？我给你做了，可够喝吧！"

我愕然。儿子也愕然。我狠狠瞪儿子。

儿子辩白："不是我让奶奶做的！……"

母亲也说："是我自己想做给我孙子喝的……"母亲说着，朝我使眼色……

我困惑。首先拿起小勺，舀了一勺，慢呷一口，鲜极了！但我品出，那绝不是什么蜗牛汤，而是蛤蜊汤。

我对儿子说："奶奶是为你做的，你就喝喝吧！"

儿子迟疑地拿起小勺，喝了起来。

我问："好喝吗？"

儿子说："好喝。"

又问："奶奶对你好不好？"

儿子说："好……奶奶，等我长大了，能挣钱了，挣的钱都给你花！……"

八岁的儿子动了小孩儿的感情，眼泪吧嗒吧嗒落入汤里。

母亲欣慰地笑了……

其实母亲将那些长大了的，她认为完全能够独立生活了的蜗牛放了，放于楼下花园里的一棵老树下。那儿土质松软，潮湿，很适于它们生存。而且，老树还有一深深的树洞。大概是可供它们避寒的……母亲依然每日将蜗牛们爱吃的菜蔬之最鲜嫩的部分，细细剁碎，撒于那棵树下……

一天，母亲喜笑颜开地对我说："我又看到它们了！"

我问："谁们呀？"

母亲说："那些蜗牛呗，都好像认识我似的，往我手上爬……"

我望着母亲，见母亲满面异彩。那一时刻，我觉得老人们心灵深处情感交流的渴望，真正地令我肃然，令我震颤，令我沉思……

而长大成人的儿子们和女儿们，做了父母的儿子们和女儿们，四十多岁或五十多岁的儿子们和女儿们，我们还能够细致地经常洞察到这一点吗？

冬天来了。

树叶落光了。

大地冻硬了。

母亲孑然一身地走了。我给母亲的信中写道："妈，来年春天，我会像您一样，天天剁了细碎的蔬菜，去撒在那一棵老树下……"

那些甘于寂寞的，惯于离群索居的，羞涩的，斯文的，与世无争、与同类无争的蜗牛们啊，谁知它们是否会挨过寒冷的冬天呢？谁知它们明年春天是否会出现在那一棵老树之下呢？它们真的会认识饲养过它们的我的老母亲吗？居然也会认识那样一位老母亲的儿子吗？……

父亲的演员生涯

父亲去世已经一个月了。

我仍为我的父亲戴着黑纱。

有几次出门前，我将黑纱摘了下来，但倏忽间，内心涌起一种怅然若失的情感。戚戚地，我便又戴上了。我不可能永不摘下。我想，这是一种纯粹的个人情感。尽管这一种个人情感于我有不可讳言的虔意，我必得从伤绪之中解脱，也是无须别人劝慰我自己明白的。然而怀念是一种相会的形式，我们人人的情感都曾一度依赖于它……

这一个月里，又有电影或电视剧制片人员，到我家来请父亲去当群众演员。他们走后，我就独自静坐，回想起父亲当群众演员的一些琐事……

一九八四年至一九八六年，父亲栖居于北京的两年，曾在五六部电影和电视剧中当过群众演员。在北京电影制片厂院内，甚至范围缩小到我当年居住的十九号楼内，这乃是司空见惯的事。

父亲被选去当群众演员，毫无疑问最初是由于他那十分惹人注目的胡子。父亲的胡子留得很长，长及上衣第二颗纽扣。总体银白，须梢金黄。谁见了谁都对我说："梁晓声，你老父亲的一把大胡子真帅！"

父亲生前极爱惜他的胡子，兜里常揣着一柄木质小梳，闲来无事，就梳理。

记得有一次，我的儿子梁爽，天真地发问："爷爷，你睡觉的时候，胡子是在被窝里，还是在被窝外呀？"

父亲一时答不上来。

那天晚上，父亲竟至于因为他的胡子而几乎彻夜失眠，竟至于捅醒我的母亲，问自己一向睡觉的时候，胡子究竟是在被窝里还是在被窝外。无论他将胡子放在被窝里还是放在被窝外，总觉得不那么对劲……

父亲第一次当群众演员，是在《泥人常传奇》剧组。导演是李文化。副导演先找了父亲。父亲说得征求我的意见。父亲大概将当群众演员这回事看得太重，以为便等于投身了艺术。所以希望我替他做主，判断他到底能不能胜任。父亲从来不做自己胜任不了之事。他一生不喜欢那种滥竽充数的人。

我替父亲拒绝了。那时群众演员的酬金才两元。我之所以拒绝不是因为酬金低，而是因为我不愿我的老父亲在摄影机前被人呼来唤去的。

李文化亲自来找我，说他这部影片的群众演员中，少了一位长胡子老头儿。

"放心，我吩咐对老人家要格外尊重，要像尊重老演员们一样还不行吗？"他这么保证。

无奈我只好违心同意。

从此，父亲便开始了他的"演员生涯"。更准确地说，是"群众演员"生涯，在他七十四岁的时候……

父亲演的尽是迎着镜头走过来或背着镜头走过去的"角色"。说那也算"角色"，是太夸大其词了。不同的服装，使我的老父亲在镜头前成为老绅士、老乞丐、摆烟摊的或挑菜行卖的……

不久，便常有人对我说："哎呀晓声，你父亲真好，演戏认真极了！"

父亲做什么事都认真极了。

但那也算"演戏"吗？我每每一笑罢之。然而听到别人夸奖自己的父亲，心里总是高兴的。

一次，我从办公室回家，经过北京电影制片厂一条街，就是那条旧北京假景街，见父亲端端地坐在台阶上。而导演们在摄影机前指手画脚地议论什么，不像再有群众场面要拍的样子。

时已中午，我走到父亲跟前，说："爸爸，你还坐在这儿干什么呀？回家吃饭！"

父亲说："不行，我不能离开。"

我问："为什么？"

父亲回答："我们导演说了，别的群众演员没事儿了，可以打发走了。但这位老人不能走，我还用得着他！"

父亲的语调中，很有一种自豪感似的。

父亲坐得很特别。那是一种正襟危坐。他身上的演员服，是一件褐色绸质长袍。他将长袍的后摆，掀起来搭在背上，而将长袍的前摆，卷起来放在膝上。他不依墙，也不靠什么。就那样子端端地坐着，也不知已经坐了多久。分明地，他唯恐使那长袍沾了灰土或弄褶皱了……

父亲不肯离开，我只好去问导演。导演却已经把我的老父亲忘在脑后了，一个劲儿地向我道歉……中国之电影、电视剧群众演员的问题，对任何一位导演，都是很沮丧的事。往往地，需要十个群众演员，预先得组织十五六个，真开拍了，剩下一半就算不错了。有些群众演员，钱一到手，人也便脚底板抹油，溜了。群众演员，在这一点上，倒可谓相当出色地演着我们现实中的些个"群众"、些个中国人。

难得有父亲这样的群众演员。我细思忖，都愿请我的老父亲当群众演员，当然并不完全因为他的胡子。那两年内，父亲睡在我的办公室。有时我因写作到深夜，常和父亲一块儿睡在办公室。有一天夜里，下起了大雨。我被雷声惊醒，翻了个身，黑暗中，恍恍地发现父亲披着衣服坐在折叠床上吸烟。

我好生奇怪，不安地询问："爸，你怎了？为什么夜里不睡还吸烟？爸你是不是有什么心事啊？"

黑暗之中，但闻父亲叹了口气。许久，才听他说："唉，我为我们导演发愁哇！他就怕这几天下雨……"

父亲不论在哪一个剧组当群众演员，都一概地称导演为"我们导演"。从这种称谓中我听得出来，他是把他自己——一个迎着镜头走过来或背着镜头走过去的群众演员，与一位导演之间联系得太紧密了。或者反过来说，他是把一位导演，与一个迎着镜头走过来或背着镜头走过去的群众演员联系得太紧密了。

而我认为这是荒唐的，这实实在在是很犯不上的。

我嘟哝地说："爸，你替他操这份心干吗？下雨不下雨的，与你有什么关系？睡吧睡吧！"

"有你这么说话的吗？"父亲教训我道，"全厂两千来人，等着这一部电影早拍完，才好发工资，发奖金！你不明白？你一点儿不关心？"

我佯装没听到，不吭声。

父亲刚来时，对于北京电影制片厂的事，常以"你们厂"如何如何而发议论，而发感慨。不知从什么时候开始，他不说"你们厂"了，只说"厂里"了。倒好像，他就是北京电影制片厂的一员，甚至倒好像他就是北京电影制片厂的厂长……

天亮后，我起来，见父亲站在窗前发怔。我也不说什么。怕一说，使他觉得听了逆耳，惹他不高兴。后来父亲东找西找的。我问找什么，他说找雨具。他说要亲自到拍摄现场去，看看今天究竟是能拍还是不能拍。

他自言自语："雨小多了嘛！万一能拍呐？万一能拍，我们导演找不到我，我们导演岂不是要发急吗？……"

听他那口气，仿佛他是主角。

我说："爸，我替你打个电话，向你们剧组问问不就行了吗？"

父亲不语，算是默许了。于是我就到走廊去打电话。其实是给我自己打电话。

回到办公室，我对父亲说："电话打过了。你们组里今天不拍戏。"我明知今天准拍不成。

父亲火了，冲我吼："你怎么骗我？！你明明不是给我剧组打电话！我听得清清楚楚。你当我耳聋吗？"父亲他怒纠纠地就走出去了。

我站在办公室窗口，见父亲正在雨中大步疾行，不免羞愧。对于这样一位太认真的老父亲，我一筹莫展……父亲还在朝鲜电影选景于中国的一个什么影片中担当过群众演员。当父亲穿上一身朝鲜民族服装后，别提多么像一位朝鲜老人了。那位朝鲜导演也一直把他视为一位朝鲜老人。后来得知他不是，表示了很大的惊讶。导演也对父亲表示了很大的谢意，并单独同父亲合影留念。

那一天父亲特别高兴，对我说："我们中国的古人，主张干什么事都认真。要当群众演员，咱们就认认真真地当群众演员。咱们这样的中国人，外国人能不看重你吗？"

记得有天晚上，是一个星期六的晚上。我和妻子跟老父母一块儿包饺子。父亲擀皮儿。忽然父亲长叹一声，喃喃地说："唉，人啊，活着活着，就老了……"

一句话，使我、妻、母亲面面相觑。

母亲说："人，谁没老的时候？老了就老了呗！"

父亲说："你不懂。"

妻煮饺子时，小声对我说："爸今天是怎么了？你问问他。一句话说得全家怪纳闷、怪伤感的……"

吃过晚饭，我和父亲一同去办公室休息。

睡前，我试探地问："爸，你今天又不高兴了吗？"

父亲说："高兴啊，有什么不高兴的！"

我说："那么为啥包饺子的时候叹气，还自言自语老了老了的？"

父亲笑了，说："昨天，我们导演指示，给这老爷子一句台词！连台词都让我说了，那不真算是演员了吗？我那么说你听着可以吗？……"

我恍然大悟，原来父亲是在背台词。

我就说："爸，我的话，也许你又不爱听。其实你愿怎么说都行！反正到时候，不会让你自己配音，得找个人替你再说一遍这句话……"

父亲果然又不高兴了。父亲又以教训的口吻说："要是都像你这种态度，那电影，能拍好吗？老百姓当然不愿意看！一句台词，光是说说的事吗？脸上的模样要是不对劲，不就成了嘴里说阴、脸上作晴了吗？"

父亲的一番话，倒使我哑口无言。惭愧的是，我连父亲不但在其中当群众演员，而且说过一句台词的这部电影，究竟是哪个厂拍的，片名是什么，至今一无所知。我说得出片名的，仅仅有三部电影——《泥人常传奇》《四世同堂》《白龙剑》。

前几天，电视里重播电影《白龙剑》，妻子忽然指着屏幕说："梁爽，你看你爷爷！"

我正在看书，目光立刻从书上移开，投向屏幕，哪里有父亲的影子……我急问："在哪儿，在哪儿？"妻说："走过去了。"

是啊，父亲所"演"，不过就是些迎着镜头走过来或背着镜头走过去的群众角色。走得时间最长的，也不过就十几秒钟。然而父亲的确是一位极认真、极投入的群众演员，与父亲"合作"过的导演们都这么说……

在我写这篇文字时，又有人打来电话。

"梁晓声？……"

"是我。"

"我们想请你父亲演个群众角色啊！……"

"这……我父亲已经去世了……"

"去世了？……对不起……"

对方的失望大大多于对方的歉意。

有些事，在我，也渐渐地开始不很认真了。似乎认真首先是对自己很吃亏的事。

父亲一生认真做人，认真做事。连当群众演员，也认真到可爱的程度。这大概首先与他愿意是分不开的。一个退了休的老建筑工人，忽然在摄影机前走来走去，肯定是他的一份儿愉悦。人对自己极反感之事，想要认真也是认真不起来的。这样解释，是完全解释得通的。但是我——他的儿子，如果仅仅得出这样的解释，则证明我对自己的父亲太缺乏了解了！

我想，"认真"二字，之所以成为父亲性格的主要特点，也许更因为他是一位建筑工人，几乎一辈子都是一位建筑工人，而且是一位优秀的获得过无数次奖的建筑工人。

一种几乎终生的行业，必然铸成一个人明显的性格特点。建筑师们，是不会将他们设计的蓝图给予建筑工人——也即那些砖瓦灰泥匠们过目的。然而哪一座伟大的宏伟建筑，不是建筑工人们一砖一瓦盖起来的呢？正是那每一砖每一瓦，日复一日，月复一月，年复一年地，十几年、几十年地，让建筑工人们培养成了一种认认真真的责任感，一种对未来之大厦矗立的高度的可敬的责任感。他们虽然明知，他们所参与的，不过一砖一瓦之劳，却甘愿通过他们的一砖一瓦之劳，促成别人的冠环之功。

他们的认真乃因为这正是他们的愉悦！

愿我们的生活中，对他人之事的认真，并能从中油然引出自己之愉悦的品格，发扬光大起来吧！

父亲是一个普通得不能再普通的人。父亲曾是一个认真的群众演员，或者说，父亲是一个"本色"的群众演员。

以我的父亲为镜，我常不免问我自己：在生活这大舞台上，我也是演员吗？我是一个什么样的演员呢？就表演艺术而言，我崇敬性格演员。就现实中人而言，恰恰相反，我崇敬每一个"本色"的人，而十分警惕"性格演员"……

我的小学

　　我永远忘不了这样一件事：某年冬天，市里要来一个卫生检查团到我们学校检查卫生，班主任老师吩咐两名同学把守在教室门外，个人卫生不合格的学生，不准进入教室。我是不许进入教室的几个学生之一。我和两名把守在教室门外的学生吵了起来，结果他们从教员室请来了班主任老师。

　　班主任老师上下打量着我，冷起脸问："你为什么今天还要穿这么脏的衣服来上学？"

　　我说："我的衣服昨天刚刚洗过。"

　　"洗过了还这么脏？"老师指着我衣襟上的污迹说。

　　我说："那是油点子，洗不掉的。"

　　老师生气了："回家去换一件衣服。"

　　我说："我就这一件上学的衣服。"

　　我说的是实话。

　　老师认为我顶撞了她，更加生气了，又看我的双手，说："回家叫你妈把你两手的皴用砖头蹭干净了再来上学！"接着像扒乱草堆一样乱扒我的头发，"瞧你这满头虮子，像撒了一脑袋大米！回家去吧！这几天别来上学了，检查过后再来上学！"

　　我的双手，上学前用肥皂反复洗过，用砖头蹭也未必能蹭干净。

而手的生皴，不是我所愿意的。我每天要洗菜，淘米，刷锅，刷碗。家里的破屋子四处透风，连水缸在屋内都结冰，我的手上怎能不生皴？不卫生是很羞耻的，这我也懂，但卫生需要起码的"为了活着"的条件，这一点我的班主任老师便不懂了。夏天潮湿冬天寒冷的、阴暗的、像地窖一样的一间小屋，破炕上每晚拥挤着大小五口人，四壁和天棚每天起码要掉下三斤土，炉子每天起码要向狭窄的空间飞扬四两灰尘……母亲每天早起晚归去干临时工，根本没有精力照料我们几个孩子，如果我的衣服居然还干干净净，手上没皴，头上没有虮子，那倒真是咄咄怪事了！

我认为，对于身为教师者，最不应该的，便是以贫富来区别对待学生。我的班主任老师嫌贫爱富。我的同学中的区长、公社书记、工厂厂长、医院院长们的儿女，他们都并非品学兼优的好学生，有的甚至经常上课吃零食、打架，班主任老师却从未严肃地批评过他们一次。

对班主任老师尖酸刻薄的训斥，我只有含侮忍辱而已。

我两眼涌出泪水，转身就走。

这一幕却被语文老师看到了。

她说："梁绍生（我当年的本名），你别走，跟我来。"

她扯住我的一只手，将我带到教员室。

她让我放下书包，坐在一把椅子上，又说："你的头发也够长了，该理一理了，我给你理吧！"

说着就离开了办公室……学校后勤科有一套理发工具，是专为男教师们互相理发用的。我知道她准是取那套理发工具去了。

可是我心里却不想再继续上学了。因为穷，太穷，我在学校里感到一点儿尊严也没有。而一个孩子需要尊严，正像需要母爱一样。我是全班唯一的一个免费生。免费对一个小学生来说是精神上的压力和心理上的负担。

"你是免费生，你对得起党吗？"哪怕无意识地犯了算不得什么错误的错误，我也会遭到班主任老师这一类冷言冷语的训斥。我早听够了！

语文老师走出教员室，我便拿起书包逃离了学校。我一直跑出校园，跑着回家。

"梁绍生，你别跑，别跑呀！小心被汽车撞了呀！"

我听到了语文老师的呼喊。她追出了校园，在人行道上跑着追我。我还是跑，她紧追。

"梁绍生，你别跑了，你要把老师累坏呀！"

我终于不忍心地站住了。她跑到我跟前，已气喘吁吁。

她说："你不想上学啦？"

我说："是的。"

她说："你才上小学四年级，学这点文化将来够干什么用？"

我说："我宁肯和我爸爸一样将来靠力气吃饭，也不在学校里忍受委屈了！"

她说："你这种想法是错误的。小学四年级的文化，将来也当不了一个好工人！"

我说："那我就当一个不好的工人！"

她说："那你将来就会恨你的母校，恨母校所有的老师，尤其会恨我。因为我没能规劝你继续上学！"

我说："我不会恨您的。"

她说："那我自己也不会原谅我自己！"

我满心间自卑、委屈、羞耻和不平，哇的一声哭了。

她抚摸着我的头，低声说："别哭，跟老师回学校吧，啊？我知道你们家里生活很穷困，这不是你的过错，没有什么感到自卑和羞耻的。你要使同学们看得起你，每一位老师都喜爱你，今后就得努力学习才是啊！"

我只好顺从地跟她回到了学校。

如今想起这件事，我仍觉后怕。没有我这位小学语文老师，依着我从父亲的秉性中继承下来的那种九头牛拉不动的倔犟劲儿，很可能连我母亲也奈何不得我，当真从小学四年级就弃学了。那么今天我既不可能成为作家，也必然像我的那位小学语文老师说的那样：当不了一个好工人。

一位会讲故事的母亲和从小的穷困生活，是造就我这样一个作家的先决因素。狄更斯说过，穷困对于一般人是种不幸，但对于作家也许是种幸运。的确，对我来说，穷困并不仅仅意味着童年生活得不遂人愿。它促使我早熟，促使我从童年起就开始怀疑生活，思考生活，认识生活，介入生活。虽然我曾千百次地诅咒过穷困，因穷困感到过极大的自卑和羞耻。

我发现自己也具备讲故事的"才能"，是在小学二年级。认识字了，语文课本成了我最早阅读的书籍，新课本发下来未过多久，我就先自通读一遍了。当时课文中的生字，标有拼音，读起来并不难。

一天，我坐在教室外的楼梯台阶上正聚精会神地看语文课本，教语文课的女老师走上楼，好奇地问："你在看什么书？"

我立刻站起，规规矩矩地回答："语文课本。"

老师又问："哪一课？"

我说："下堂您要讲的新课——小山羊看家。"

"这篇课文你觉得有意思吗？"

"有意思。"

"看过几遍了？"

"两遍。"

"能讲下来吗？"

我犹豫了一下，回答："能。"

上课后，老师把我叫起，对同学们说："这一堂讲第六课——小山羊看家。下面请梁绍生同学先把这一篇课文讲述给我们听。"

我的名字本叫梁绍生，梁晓声是我自己改的名字。当时起过一阵改名的时髦风，我在一张辞去班级"勤务员"职务的声明中首次署了现在的名字——梁晓声。

我被老师叫起后，开始有些发慌，半天不敢开口。

老师鼓励我："别紧张，能讲述到哪里，就讲述到哪里。"

我在老师的鼓励下，终于开口讲了："山羊妈妈有四个孩子，一天，山羊的妈妈要离开家……"

当我讲完后，老师说："你讲得很好，坐下吧！"看得出，老师心里很高兴。

全班同学都很惊异，对我十分羡慕。

一个穷困人家的孩子，他没有任何值得自我炫耀的地方，当他的某一方面"才能"当众得以显示，并且被羡慕，并且受到夸奖，他心里自然充满骄傲。

以后，语文老师每讲新课，总是提前几天告诉我，嘱咐我认真阅读，到讲那一堂新课时，照例先把我叫起，让我首先讲述给同学们听。

我们的语文老师，是一位主张教学方法灵活的老师。她需要我这样一名学生，喜爱我这样一名学生。因为我的存在，使她在我们这个班讲的语文课生动活泼了许多。而我也同样需要这样一位老师，因为是她给予了我在全班同学面前显示自己讲故事"才能"的机会。而这样的机会当时对我是重要的，使我幼小的意识中也有一种骄傲存在着，满足着我匮乏的虚荣心。后来，老师的这一语文教学方法，在全校推广了开来，引起区和市教育局领导同志的兴趣，他们先后到我们班听过课。从小学二年级至小学六年级，我和我的语文老师一直配合得很默契。她喜爱我，我尊敬她。小学毕业后，我还回母校看望过她几次。

她不但是我的小学语文老师，还是我小学母校的少先队辅导员老师。她在同学们中组织起了全市小学校的第一个"故事小组"和第一个"小记者委员会"。我小学时不是个好学生，经常逃学，不参加校外学习小组，除了语文成绩较好，算术、音乐、体育都仅是个"中等"生，直到五年级才入队。还是在我这位语文老师的多次力争下有幸戴上了红领巾，也是在我这位语文老师的力争下才成为"故事小组"和"小记者委员会"的成员。对此我的班主任老师很有意见，认为她所偏爱的是一个坏学生。我逃学并非因为我不爱学习。那时母亲天不亮就上班去了，哥哥已上中学，他是校团委副书记兼学生会主席，也跟母亲一样，早晨离家，晚上才归，全日制，就苦了我。家里还有两个弟弟和一个妹妹，我得给他们做饭吃，收拾屋子和担水，他们还常常哭着哀求我在家陪他们。将六岁、四岁、两岁的小弟小妹撒在家里，我常常于心不忍，便逃学，不参加校外学习小组。班主任老师从来也没有到我家进行过家访，因而不体谅我也就情有可原了，认为我是一个坏学生更理所当然。班主任老师不喜欢我，还因为穿在我身上的衣服一向很不体面，不是过于肥大就是过于短小，不仅破，而且脏，衣襟几乎天天带着锅底灰和做饭时弄上的油污。在小学没有一个和我要好的同学。

语文老师是我小学时期在学校里的唯一的一个朋友。我至今不忘她，永远都难忘。不仅因为她是我小学时期唯一关心过我、喜爱过我的一位老师，不仅因为她给予了我唯一的树立起自豪感的机会和方式，还因她将我向文学的道路上推进了一步，由听故事到讲故事。

语文老师牵着我的手，重新把我带回了学校，重新带到教员室，让我重新坐在那把椅子上，开始给我理发。

语文教员室里的几位老师百思不得其解地望着她。

一位男老师对她说："你何苦呢？你又不是他的班主任。曲老师因为这个学生都对你有意见了，你一点不知道？"

她笑笑，什么也未回答。她一会儿用剪刀剪，一会儿用推子推，将我的头发剪剪推推摆弄了半天，总算"大功告成"。

她歉意地说："老师没理过发，手太笨，使不好推子，也使不好剪刀，大冬天的，给你理了个小平头，你可别生老师的气呀！"

教员室没面镜子。我用手一摸，平倒是很平，头发却短得不能再短了。哪里是"小平头"，分明是被剃了一个不彻底的秃头。虮子肯定不存在了，我的自尊心也被剪掉剃平。

我并未生她的气。随后她又拿起她的脸盆，领我到锅炉房，接了半盆冷水，再接半盆热水，兑成一盆温水，给我洗头，洗了三遍。只有母亲才如此认真地给我洗过头。我的眼泪一滴滴落在脸盆里。

她给我洗好头，再次把我领回教员室，脱下自己的毛坎肩，套在我身上，遮住了我衣服前襟那片无法洗掉的污迹。她身材娇小，毛坎肩是绿色的，套在我身上尽管不伦不类，却并不显得肥大。

教员室里的另外几位老师，瞅着我和她，一个个摇头不止，忍俊不禁。

她说："走吧，现在我可以送你回到你们班级去了！"

她带我走进我们班级的教室后，同学们顿时哄笑起来。大冬天的，我竟剃了个秃头，棉衣外还罩了件绿坎肩，模样肯定是太古怪、太滑稽了！

她生气了，严厉地喝问我的同学们："你们笑什么？有什么可笑的？哄笑一个同学迫不得已的做法是可耻的行为！如果我是你们的班主任，谁再敢哄笑，我就把谁赶出教室！"

这话她一定是随口而出的，绝不会有任何针对我的班主任老师的意思。我看到班主任老师的脸一下子拉长了。

班主任老师也对同学们呵斥："不许笑！这又不是耍猴！"

班主任老师的话，更加使我感到被当众侮辱，而且我听出来了，班主任老师的话中，分明包含着针对语文老师的不满成分。语文老师听没听出来，我无法知道。我未看出她脸上的表情有什么变化。

她对班主任老师说："曲老师，就让梁绍生上课吧！"

班主任老师拖长语调回答："你对他这么尽心尽意，我还有什么话可说？"

市教育局卫生检查团到我们班检查卫生时，没因为我们班有我这样一个剃了秃头、棉袄外套件绿色毛坎肩的学生而贴在我们教室门上一面黄旗或黑旗。他们只是觉得我滑稽古怪，惹他们发笑而已……

从那时起直至我小学毕业，我们班主任老师和语文老师的关系一直不融洽。我知道这一点，我们班级的所有同学也都知道这一点，而这一点似乎完全是由于我这个学生导致的。几年来，我在一位关心我的老师和一位讨厌我的老师之间，处处谨小慎微，循规蹈矩，力不胜任地扮演一架天平上的小砝码的角色。扮演这种角色，对于一个小学生的心理，无异于扭曲，对我以后的性格形成不良影响，使我如今不可救药地成了一个忧郁型的人。

我心中暗暗铭记语文老师对我的教诲,学习努力了起来,成绩渐好。

班主任老师却不知为什么对我愈发冷漠无情了。

四年级上学期期末考试,我的语文和算术破天荒地拿了"双百",而且《中国少年报》选登了我的一篇作文,市广播电台"红领巾"节目也广播了我的一篇作文,还有一篇作文用油墨抄写在儿童电影院的宣传栏上。同学对我刮目相待了,许多老师也对我和蔼可亲了。

校长在全校师生大会上表扬了我的语文老师,充分肯定了我这个一度被视为坏学生的转变和在我进步过程中她所付出的种种心血,号召全校老师向她那样对每一个学生树立起高度的责任感。

班主任老师对我冷漠无情到视而不见的地步。她教算术。在她讲课时,连扫也不扫我一眼了。她提问或者叫同学在黑板上解答算术题时,无论我将手举得多高,都无法引起她的注意。

一天,在她的课堂上,同学们做题,她坐在讲课桌前批改作业本。教室里静悄悄的。

"梁绍生!"她突然大声叫我的名字。

我吓了一跳,立刻怯怯地站了起来。全体同学都停了笔。

"到前边来!"班主任老师的语调中隐含着一股火气。我惴惴不安地走到讲桌前。

"作业为什么没写完?"

"写完了。"

"当面撒谎!你明明没写完!"

"我写完了,中间空了一页。"

我的作业本中夹着印废了的一页,破了许多小洞,我写作业时随手翻过去了,写完作业后却忘了扯下来。我低声下气地向她承认是我的过错。她不说什么,翻过那一页,下一页竟仍是空页。我万没想到我写作业时翻得匆忙，会连空两页。

她拍了一下桌子："撒谎！撒谎！当面撒谎！你明明是没有完成作业！"

我默默地翻过了第二页空页，作业本上展现出了我接着做完了的作业。

她的脸倏地红了："你为什么连空两页？！想要捉弄我一下是不是？！"

我垂下头，讷讷地回答："不是。"

她又拍了一下桌子："不是？！我看你就是这个用意！你别以为你现在是个出了名的学生了，还有一位在学校里红得发紫的老师护着你，托着你，拼命往高处抬举你，我就不敢批评你了！我是你的班主任，你的小学鉴定还得我写呢！"

我被彻底激怒了！我不能容忍任何人在我面前侮辱我的语文老师！我爱她！她是全校唯一使我感到亲近的人！我觉得她像我的母亲一样，我内心里是视她为我的第二个母亲的！

我突然抓起了讲台桌上的红墨水瓶。班主任以为我要打在她脸上，吃惊地远远躲开我，喝道："梁绍生，你要干什么？！"

我并不想将墨水瓶打在她脸上，我只是想让她知道，我是一个人，在忍无可忍的情况下我是会愤怒的，我将墨水瓶使劲摔到墙上。墨水瓶粉碎了，雪白的教室墙壁上出现了一片"血"迹！我接着又将粉笔盒摔到了地上。一盒粉笔尽断，四处滚去。教室里长久的一阵鸦雀无声，直至下课铃响。那天放学后，我在学校大门外守候着语文老师回家。她走出学校时，我叫了她一声。

她奇怪地问："你怎么不回家？在这里干什么？"

我垂下头去，低声说："我要跟您走一段路。"

她沉思地瞧了我片刻，一笑，说："好吧，我们一块儿走。"我们便默默地向前走。

她忽然问："你有什么事要告诉我吧？"

我说："老师，我想转学。"

她站住，看着我，又问："为什么？"

我说："我不喜欢我们班级！在我们班级我没有朋友，曲老师讨厌我！要不请求您把我调到您当班主任的四班吧！"我说着想哭。

"那怎么行？不行！"她语气非常坚决，"以后你再也不许提这样的请求！"

我也非常坚决地说："那我就只有转学了！"眼泪涌出了眼眶。

她说："我不许你转学。"我觉得她不理解我，心中很委屈，想跑掉。

她一把扯住我，说："别跑。你感到孤独是不是？老师也常常感到孤独啊！你的孤独是穷困带来的，老师的孤独……是另外的原因带来的。你转到其他学校也许照样会感到孤独的。我们一个孤独的老师和一个孤独的学生不是更应该在一所学校里吗？转学后你肯定会想念老师，老师也肯定会想念你的。孤独对一个人不见得是坏事……这一点你以后会明白的。再说你如果想有朋友，你就应该主动去接近同学们，而不应该对所有的同学都充满敌意，怀疑所有的同学心里都想欺负你……"

我的小学语文老师，她已成泉下之人近二十年了。我只有在这篇纪实性的文字中，表达我对她虔诚的怀念。

我与唐诗宋词

信笔写出以上一行字，我犹豫良久，打算改，因为我对于唐诗宋词半点儿学识也没有，只是特别喜欢罢了。单看那一行字，倒像我是一位专门研究唐诗宋词的专家学者似的。转而一想，也不过就是一篇回忆性小文章的题目，而且，也比较能概括内容，那么不改也罢。

当年我下乡的地方，属于黑龙江边陲的瑷珲县，是中苏边境地带。如果我们知青要回城市探家，必经一个叫西岗子的小镇。那镇真是小极了，仅百余户人家，散布在公路两侧，包括一家小旅店、一家小饭馆、一家小杂货铺和理发铺及邮局。西岗子设有边境地区检查站，过往行人车辆都须凭"边境通行证"通行，知青也不例外。

有一年我探家回兵团，由于没搭上车，不得不在西岗子的旅店住了一夜。其实，说是旅店，哪儿像旅店呢！住客一间屋，大通铺；一门之隔就是店主一家，老少几口。据说那人家是新中国成立之初剿匪烈士的家属，当地政府体恤和关爱他们，允许他们开小旅店谋生。按今天的说法，是"家庭旅店"。

天黑后，我正要睡下，但听门那边有个男人大声喊："你小弟又拉地上了，你没看见呀！快给他擦屁股，再把屎收拾了！……"

于是一个十二三岁的小女孩儿，跑到我们住客这边的屋里来，掀起一角炕席，抄起一本书转身跑回门那边去了……书使我的眼睛一亮。那个年代，对于爱看书的青年，书是珍稀之宝。

一会儿，小女孩儿又回到门这边，掀起炕席欲将书放在原处。我问："什么书啊？"

她摇摇头说："不知道，我不认识字。"

我又问："你刚才拿书干什么去呢？"

她眨着眼说："我小弟拉屎了，我撕几页替他擦屁股呀！"她那模样，仿佛是在反问：书另外还能干什么用呢？

我说："让我看看行吗？"

她就默默地将书递给了我。我翻看了一下，见是一本《唐诗三百首》，前后已都撕得少了十几页。那个年代中国有些造纸厂的质量不过关，书页极薄，似乎也挺适合擦小孩屁股的。

我又是惋惜又是央求地说："给我行不？"

她立刻又摇头道："那可不行。"见我舍不得还她，又说："你当手纸用几页行。"

我继续央求："我不当手纸用，我是要看的。给我吧！"

她为难地说："这我不敢做主呀！我们这儿的小杂货店里经常断了手纸卖，要给了你，我们用什么当手纸呢？住客又用什么当手纸呢？……"

我猛地想到，我的背包里，有为一名知青伙伴从城市带回来的一捆成卷的手纸。便打开背包，取出一卷，商量地问："我用这一卷真正的手纸换，行不？"

她说："你包里那么多，你用两卷换吧！"

于是我用两卷手纸换下了那一本残缺不全的《唐诗三百首》。

第二天一早，我离开那小旅店时，女孩儿在门外叫住了我："叔叔，我昨天晚上占你便宜了吧？"

不待我开口说什么，她将伸在棉袄衣襟里的一只小手抽了出来，手里竟拿着另一本书。

她接着说："这一本书还没撕过呢，也给你吧！这样交换就公平了。我们家人从不占住客的便宜。"

我接过一看，见是《宋词三百首》。封面也破旧了，但毕竟还有封面，依稀可见一行小字是"中国传统文化丛书"。我深深地感动于小女孩儿的待人之诚，当即掏出一元钱给她，摸了她的头一下，迎着风雪大步朝公路走去……

回到连队，我与知青伙伴发生了一番激烈的争执——他认为那一本完整的《宋词三百首》理应归他，因为是用他的两卷手纸换的；我说才不是呢，用他的两卷手纸换的，是那本残缺不全的《唐诗三百首》，而实际情况是，完整的《宋词三百首》是我用一元钱买下的……

如今想来，当年的争执很可笑。究竟哪一本算是用两卷手纸换的，哪一本算是用一元钱买下的，又怎么争执得清呢？

然而一个事实是，那一本残缺不全的《唐诗三百首》和那一本完整的《宋词三百首》，伴我们度过了多少个寂寞的日子，对我们曾很空虚过的心灵，起到了抚慰的作用……

当年，我竟也心血来潮写起古体诗词来：

轻风戏青草，黄蜂觅黄花。

春水一潭静，田蛙几声呱。

如今，《唐诗三百首》和《宋词三百首》已成我的枕边书。这两本书都是精装版本，内有优美插图。如今，捧读这两本书中的一本，便倏然地忆起西岗子，忆起那小女孩，忆起当年之事……

我热爱读书

读书，不，更准确地说，所谓"读"这一种习惯，对我已不啻是一种幸福。这幸福就在日子里，在每一天的宁静的时光里。不消说，人拥有宁静的时光，这本身便是幸福。而宁静的时光因阅读会显得尤其美好。

我的宁静之享受，常在临睡前，或在旅途中。每天上床之后，枕旁无书，我便睡不着，肯定失眠。外出远足，什么都可能忘带，但书是不会忘带的。书是一个囊括一切的大概念。我最经常看的是人物传记、散文、随笔、杂文、文言小说之类。《读书》《随笔》《读者》《人物》《世界博览》《奥秘》都是我喜欢的刊物，是我的人生之友。前不久，友人开始寄给我《世界警察》，看了几期，也喜爱起来。还有就是目前各大报的"星期刊""周末版"或副刊。

要了解我所生活的城市，大而至于我们这个国家，我们这个地球，每天正发生着什么事，将要发生什么事，仅凭晚上看电视里的"新闻"，自然是远远不够的。"秀才不出门，便知天下事"，是所谓"秀才"聊以自慰自夸的话，或者是别人们对"秀才"们的揶揄。不过在现代社会里，传播媒介如此之丰富，如此之发达，对于当代人来说，不出门而大致地知道一些"天下事"，也是做得到的。

知道了又怎样？知道了会丰富我对世界的认识。而这种认识，于我，一个以写作为职业的人来说，则是相当重要的。妄谈对世界的认识，似乎口气太大了，那么就说对周遭生活的认识吧。正是通过阅读，我感觉到周遭生活之波有时汹涌澎湃，有时潜流涡旋，有时微波涌荡……

当然，这只是阅读带给我的一方面的兴致。另一方面，通过阅读，我认识了许许多多的人，仿佛每天都有新朋友。我敬爱他们，甘愿以他们为人生的榜样；同时也仿佛看清了许多"敌人"，人类的一切公敌，人类自身派生出来的到自然环境中对人类起恶影响的事物，我都视为敌人。这一点使我经常感到，爱憎分明于一人是多么重要的品质。

创作之余，笔滞之时，我会认真地读一会儿文学期刊。若读的正是一篇佳作，便会一口气读完。不管作者认识与否，都会产生读了一篇佳作的满足感。倘是作家朋友们写的，是生活在同一座城市的人，又常忍不住拨电话，将自己读后的满足，传达给对方。这与其说是分享对方的喜悦，莫如说是希望对方分享我的喜悦。倘若作者是外地的，还常会忍不住给人家写一封信去。

读，实在是一种幸福。

最后我想说，与我的中学时代相比，现在的中学生，似乎太被学业所压迫了。我的中学时代，是苦于无书可读的。买书是买不起的，尽管那时书价比现在便宜得多。几个同学凑了七八分钱，到小人书铺去看小人书。这是永远值得回忆的往事了。现在的中学生们，可看的太多了，却又陷入选择的迷惘，并且失去了本该拥有的时间。生活也真是太苛刻了！

我挺怜悯现在的中学生的。

我真同情我的中学生朋友们。

晚秋读诗

潇潇秋雨后，渐渐天愈凉。

我知道，那也许是今年最后的一场秋雨。傍晚时分，急骤的雨点儿如一群群黄蜂，齐心协力扑向我刚擦过的家窗。似乎那么仓皇，似乎有万千鸟儿蔽天追逐，于是错将我家当成安全的所在，欲破窗而入，躲躲藏藏，又似乎集体地怀着种愠怒，仿佛我曾做过什么对不起它们的事，要进行报复。起码，弄湿我的写字桌，以及桌上的书和纸……

春雨斯文又缠绵，疏而纤且渺漫迷蒙。故唐诗宋词中，每用"细"字形容，每借花草的嫩状衬托，如"随风潜入夜，润物细无声"句，如"东风吹雨细如尘"句，如"天街小雨润如酥"句……而我格外喜欢的，是唐朝诗人李山甫"有时三点两点雨，到处十枝五枝花"句，将春雨的斯文缠绵写到了近乎羞涩的地步，将初蕾悄绽为新花的情景，也描摹得那么春趣盎然，于不经意间用朴素得不能再朴素的文字醇出了一派春醉。

夏雨最多情。如同曾与我们海誓山盟过的一个初恋女子，"情绪"浪漫充沛又任性。"旅行"于东西南北地，过往于六七八月间，每踏雷而来，每乘虹而去。我们想它时，它却不知云游何处，使我们仰面于天，望眼欲穿，企盼有一大朵积雨云从天际飘至；而我们正喜悦于晴日的朗丽之际，倏忽间雷声大作，乌云遮空。于是"天外黑风吹海立，浙东飞雨过江来"。阵雨是夏雨猝探我们的惯常方式。它似乎总是一厢情愿地以此方式表达对我们的牵挂。它从不认为它这种方式带有滋扰性，结果我们由于毫无心理准备，每陷于不知所措，乍惊在心头，呆愕于脸上的窘境。几乎只在夏季才有阵雨。倘它一味儿恣肆地冲动起来，于是"雷声远近连彻夜，大雨倾盆不终朝"，于是"黑云翻墨未遮山，白雨跳珠乱入船"，于是"惊风乱飐芙蓉水，密雨斜侵薜荔墙"，烦得我们一味儿地祈祷"残虹即刻收度雨，呆呆日出曜长空"。当然夏雨也有彬彬而至之时。斯时它的光临平添了夏季的美好，但见"千里稻花应秀色，五更桐叶最佳音"。它彬彬而至之时，又几乎总是在黄昏或夜晚，仿佛宁愿悄悄地来，无声地去。倘来于黄昏，则"墙头细雨垂纤草，水面风回聚落花"，则江边"雨洗平沙静，天衔阔岸纤"。可观"半截云藏峰顶塔"，可望"两来船断雨中桥"，则庭中"落茫人独立，微雨燕双飞"，可闻"过雨荷花满院香""青草池塘处处蛙"，可觉"墙头语鹊衣犹湿""夏木阴阴正可人"，而山村则"罗汉松遮花里路，美人蕉错雨中桯"。

倘来于夜晚，则"楼外残雷气未平"，则"雨中草色绿堪染"。于是翌日的清晨，虹消雨霁，彩彻云衢，朝霞半缕，网尽一夜风和雨，使人不禁想说："天气真好！"

秋雨凄冷澹寒，易将某种不可言说的伤感一把把地直往人心里揣，仿佛它竟是耗尽了缠绵的春雨，虚抛了几番浪漫和激情的夏雨，憔悴了一颗雨的清莹之魂，心曲盘桓，自叹幽情苦绪何人知？包罗着万千没结果的苦恋所生的委屈和哀怨，欲说还休，欲说还休，于是只有一味儿哭泣，哭泣……这秋雨使老父老母格外地惦念儿女；使游子格外地思乡想家；使女人悟到应变得更温柔，以安慰男人的疲惫；使男人油然自省，忏悔和谴责自己曾伤害过女人心地的行为……

床前明月光，疑是地上霜。
举头望明月，低头思故乡。

一场秋雨一场寒，十场秋雨换上棉。在秋风萧瑟、秋雨凄凄的日子里，人心除了伤感，其实往往也会变得对生活，对他人，包括对自己，多一份怜惜和爱护之情。因为可能正是在第二天的早晨，霜白一片雨变冰。于是不日"才见岭头云似盖，已惊岩下雪如尘"。

秋风先行，但见"落叶西风时候，人共青山都瘦"。秋风仿佛秋雨的长姐，其行也匆匆，其色也厉厉，扯拽着秋雨，仿佛要赶在"溪深难受雪，山冻不留云"的冬季之前，向人间替秋雨讨一个说法。尽管秋雨的哀怨，完全是它雨魂中的特征，并非人委屈于它或负心于它的结果。

秋风所至，"萧瑟兮草木摇落而变衰"，直吹得"只有一枝梧叶，不知多少秋声"，直吹得"秋色无远近，出门尽寒山"，直吹得"多少绿荷相依恨，一时回首背西风"。

在寒秋日子里，读如此这般诗句，使人不禁惜花怜树，怪秋风忒张狂。恨不能展一床接天大被，替挡秋风的直接袭击。但是若多读唐诗宋词，也不难发现相反意境的佳篇。比如宋代诗人杨万里的《秋凉晚步》：

秋气堪悲未必然，轻寒正是可人天。
绿池落尽红蕖却，荷叶犹开最小钱。

家居附近自然无荷塘，难得于入秋的日子，近睹荷花迟开的胭红本色，以及又有多么小的荷叶自水下浮出，翠翠的仍绿惹人眼。一日散步，想起杨万里的诗，于是蹲在草地，抚开一片枯黄的亡草，蓦地，真切切但见有嫩嫩芊芊的小草，隐蔽地悄生悄长！想必是当年早熟的草籽落地，便本能地生根土中，与节气比赛看，抓紧时日体现出植物的生命形式。寒冬是马上就要来临了。那一茎茎嫩嫩芊芊的小草，其生其长还有什么意义呢？我不禁替它们惆怅。晚秋的阳光，呼着节气最后的些微的暖意普照园林。刚一起身，顿觉眼前有什么美丽的东西漫舞而过。定睛看时，呀，却是一双小小彩蝶。它们小得比蛾子大不了多少。然而的确是一双彩蝶，而非蛾子。颜色如刚孵出的小鸡，灿黄中泛着青绿，翅上皆有漆黑的纹理和釉蓝的斑点儿。

斯时满园林"是处红衰翠减"，风定秋空澄净。一双小小彩蝶，就在那暖意微微的晚秋阳光中，翩翩漫漫，忽上忽下，做最后的伴飞伴舞……

我一时竟看得呆了。

冬季之前，怎么还会有蝶呢？

难道它们和那些小草一样，错将秋温误作春暖，不合时宜地出生了吗？

它们也要与节气比赛似的，也仿佛要抓紧最后的时日，以舞的方式，演绎完它们千古流传的爱情故事。而且，分明地，要尽量在对舞中享受是蝶的生命的浪漫！……

我呆望它们，倏忽间，内心里倍觉感动。

"最是秋风管闲事，红他枫叶白人头"，人在节气变化之际所容易流露的感伤，说到底，证明人是多么容易悲观的啊！这悲观虽然不一定全是做作，但与那小草、小蝶相比，不是每每诉说了太多的自哀自怜吗？

这么一想，心中秋愁顿时化解，一种乐观油然而生。我感激杨万里的诗，感激那些嫩嫩芊芊的小草和那一双美丽的小蝶，它们使我明白：人的心灵，永远应以人自己的达观和乐观来关爱着才对的啊！……

阅读一颗心

在为到大学去讲课做些必要的案头工作的日子里，我又一次思索关于文学的基本概念，如现实主义、理想主义以及现实主义与浪漫主义的相结合等。毫无疑问，对于我将要面对的大学生们，这些基本的概念似乎早已陈旧，甚而被认为早已过时。但万一有某个学生认真地提问呢？

于是我想到了雨果，于是我重新阅读雨果，于是一行行真挚的、热烈得近乎滚烫的、充满了诗化和圣化意味的句子，又一次使我像少年时一样被深深地感动。坦率地说，今天我已经根本不能像少年时的自己一样信任雨果了，但我却还是被深深地感动。依我想来，雨果当年所处的巴黎，其人欲横流的现状比之世界的今天肯定有过之而无不及，人性真善美所必然承受的扭曲力，也肯定比今天强大得多，这是我不信任他笔下那些接近着道德完美的人物之真实性的原因。但他内心里怎么就能够激发起塑造那样一些人物的炽烈热情呢？倘若不相信自己笔下的人物在自己所处的时代是有依据存在着的，起码是可能存在着的，作家笔下又怎会流淌出那么纯净的赞美诗般的文字呢？这显然是理想主义高度上升作用于作家大脑之中的现象。我深深地感动于一颗作家的心灵，在他所处的那样一个四处潜伏着阶级对立情绪、虚伪比诚实在人世间获得更容易的自由，狡诈、贪婪的人也许就在身旁的时代，居然仍对美好人性抱着那么确信无疑的虔诚理念。

是的，我今天又深深地感动于此，又一次明白了我一向为什么喜欢雨果远超过左拉或大仲马们的理由，这是我个人的一种理由。并且，又一次因为我在同一点上的越来越经常的动摇，而自我审视，而不无羞惭。

那么，让我们来重温一部雨果的书吧，让我们来再次阅读一颗雨果那样的作家的心吧。比如，让我们来翻开他的《悲惨世界》，前不久电视里还介绍过由这部名著改编的电影。

一名苦役犯逃离犯人营以后，可以"变成"任何人，当然也包括"变成"一位市长。但是"变成"一位好市长，必定有特殊的原因。

米里哀先生便是那原因。

米里哀先生又是一个怎样的人呢？

他曾是一位地方议员，一位"着袍的文人贵族"的儿子。青年时期，他还曾是一名优雅、洒脱、头脑机灵、绯闻不断的纨绔子弟。今天，在我们的社会里，米里哀式的纨绔子弟也多着呢。"大革命"初期这名纨绔子弟逃亡国外，妻子病死异乡。当这名纨绔子弟从国外回到法国时，却已经是一位教士了，接着做了一个小镇的神父。斯时他已上了岁数，"过着深居简出的生活"。

他曾在极偶然的情况下见到了拿破仑。

皇帝问："这个老头儿老看着我，他是什么人？"

米里哀神父说："你看是一个好人，我看是一位伟人，彼此都得益吧。"

由于拿破仑的暗助，不久他由神父而成为一名主教大人。

　　他的主教府与一所医院相邻，是一座宽敞美丽的石砌公馆。医院的房子既小又矮。于是"第二天，二十六个穷人（也是病人）住进了主教府，主教大人则搬进了原来的医院"。国家发给他的年薪是一万五千法郎。而他和他的妹妹及女仆，每月的生活开支仅一千法郎，其余全部用于慈善事业。那一份由雨果为之详列的开支，他至死没变更过。省里每年都补给主教大人一笔车马费，为三千法郎。在深感每月一千法郎的生活开支太少的妹妹和女仆的提醒之下，米里哀主教去将那一笔车马费讨来了，因而遭到了一位小议院议员的诋毁，针对米里哀主教的车马费问题向宗教事务部长打了一份措辞激烈的秘密报告，大行文字攻击之能事。但米里哀主教将那每月三千法郎的车马费，又一分不少地用于慈善之事了。他这个教区，有三十二个本堂区、四十一个副本堂区、二百八十五个小区。他去巡视，近处步行，远处骑驴。他待人亲切，和教民促膝谈心，很少说教。这后一点，在我看来，尤其可敬。他是那么关心庄稼的收获和孩子们的教育情况。"他笑起来，像一个小学生。"他厌恶虚荣。"他对上层社会的人和平民百姓一视同仁。""他从不下车伊始不顾实际情形胡乱指挥。他总是说：'我们来看看问题出在哪里。'"他为了便于与教民交心而学会了各种南方语言。

　　一名杀人犯被判死刑，前夜请求祈祷。而本教区的一位神父不屑于为一名杀人犯的灵魂服务。我们的主教大人得知后，没有只是批评，没有下达什么指示，而是亲自去往监狱，陪了犯人一整夜，安抚他战栗的心。第二天，陪着他上囚车，陪着他上断头台……

　　他反对利用"离间计"诱使犯人招供。当他听到了一桩这样的案件，当即发表庄严的质问："那么，在哪里审判国王的检察官先生呢？"

他尤其坚决地反对市侩哲学。他对逢人打着唯物主义的幌子贩卖市侩哲学的人，立刻冷嘲热讽，而不顾对方的身份是一名尊贵的议员……

雨果干脆在书的目录中称米里哀主教为"义人"，正如泰戈尔称甘地为"圣雄甘地"；他还干脆将书的一章的标题定为"言行一致"，而另一章的标题定为"主教大人的袍子穿得太久了"……

雨果详而又详地描写主教大人的卧室，它简单得几乎除了一张床别无家具。冬天他还会睡到牛栏里去，为的是节省木柴（价格昂贵），也为了享受牛的体温。而他养的两头奶牛产的奶，一半要送给医院的穷病人。而他夜不闭户，为的是使找他寻求帮助的人免了敲门等待的时间……

他远离某些时髦话题，厌恶空谈，更不介入无谓的争辩。在他那个时代诸如王权和教权谁应该更大的问题一直纠缠着辩论家们。

而米里哀主教最使我们钦服的，也许是这么一点：虽是一位德高望重的主教，却谦卑地认为"我是地上的一条虫"。米里哀主教大人作为一个人，其德行已经接近完美了。雨果塑造他的创作原则，也与我们塑造"样板戏"人物的原则如出一辙，而又先于我们，简直该被我们尊称为老师了。

我将告诉我的学生们，那就是经典的理想主义文本了，那就是经典的理想主义文学人物了。

于是，冉·阿让被米里哀主教收留一夜，陪吃了饱饱的一顿晚餐。他半夜醒来却偷走了银器，天一亮即被捉住，押解了来让米里哀主教指认，主教却当其面说是自己送给他的，则就一点儿也不奇怪了。主教非但那么说，而且头脑里也这么认为：银器不是我们的，是穷人的，"他"显然是个穷人，所以他只不过拿走了属于自己的东西而已。

于是，冉·阿让"变成"马德兰先生、马德兰市长以后，德行上那么像另一位米里哀，在雨果笔下也就顺理成章了。其生活俭朴像之，其乐善好施像之，其悲悯心肠像之，其对待沙威警长的人性胸怀像之，总之几乎在一切方面都有另一位米里哀的影子伴随着他。一个米里哀死了，另一个米里哀在《悲惨世界》中继续前者未尽的人道事业。

连沙威也是极端理想主义的，因为绝大多数现实生活中的沙威们，其被异化了的"良心"是很不容易省悟的。即使偶一转变，也只不过是一时一事的。过后在别时别事，仍是沙威们。人性的感召力对于沙威们，从来不可能强大到使他们投河的程度。他们的理念一般是由对人性的反射屏装点着的……

米里哀主教大人死时已八十余岁，且已双目失明。他的妹妹一直与他相依为命。雨果在写到他们那种老兄妹关系时，用了极尽浪漫的、诗化的、圣化的赞美笔触："有爱就不会失去光明。而且这是何等的爱啊！这是完全用美德铸成的爱！心明就会眼亮。心灵摸索着寻找心灵，并且找到了。这个被找到被证实的灵魂是个女人。有一只手在支持你，这是她的手；有一张嘴在轻吻你的额头，这是她的嘴；你听见身边呼吸的声音，这是她，一切都得自于她，从她的崇拜到她的怜悯，从不离开你，一种柔弱的甜蜜的力量始终在援助你，一根不屈不挠的芦苇在支持你，伸手可以触及天意，双手可以将它拥抱……她走开时像个梦，回来却是那么的真实。你感到温暖扑面而来，那是她来了……女性的最难以形容的声音安慰你，为你填补一个消失的世界……"

如果忘记一下《悲惨世界》，那么读者肯定会做如是之想：这是《少年维特之烦恼》的炽烈的初恋渴望吧？这是《罗密欧与朱丽叶》中心上人对心上人的痴爱的倾诉吧？

但雨果写的却是八十余岁的主教与他七十余岁的妹妹之间的感情关系。这是迄今为止，世界文学史上仅有的一对老年兄妹之间的感情关系的绝唱，使我们在被雨果的文字感染的同时，难免会觉得怪怪的。因为在现实生活中，一对老年兄妹或一对老年夫妇，无论他们的感情何等的深长，到了七八十岁的时候，也每趋于俗态，甚至会变得只不过像两个在一起玩惯了的儿童……

那么我将告诉我的学生们，那就是浪漫主义的经典文本了。

雨果完成《悲惨世界》时，已然六十岁。他与某伯爵夫人的柏拉图式的婚外恋情，也已持续了二十余年。他旅居国外时，她亦追随而至，住在仅与雨果的住地隔一条街的一幢楼里，为了可以很方便地见到她。故我简直不能不怀疑，雨果所写，也许更是他自己和她之间的那一种情感。雨果死时，和他笔下的米里哀主教同寿，都活到了八十三岁。这一偶然性似乎具有神秘性。

《悲惨世界》的创作使命，倘仅仅为塑造两个德行完美的理想人物而已，那么雨果就不是雨果了。这是一部几乎包罗社会万象的书。随后铺展开的，是全景式的法国时代图卷。尤其将巴黎公社起义这一大事件纳入书中，无可争议地证明了雨果毕竟是雨果。

那么，我将告诉我的学生们，那便是现实主义的经典文本了。

我还将告诉我的学生们，在现实主义与理想主义、现实主义与浪漫主义的相结合方面，与雨果同时代的全世界的作家中，几乎无人比雨果做得更杰出。

而雨果的理想主义，始终是对美好人性和人道原则的文学立场的理想主义。这是绝不同于一切文学的政治理想主义的一种文本，故是文学的特别值得尊敬的一种品质。

在雨果的理念之中，人道原则是高于一切的。

我极其尊重这一种理念。无论它体现于文学，还是体现于现实。

我深深地感动于一颗作家的心，对人道原则终生不变地恪守。我的感动，使我不因雨果在这一点上有时过分不遗余力的理想主义激情而臧否于他。如果我未来的学生们中竟有将自己的人生无怨无悔地奉献给文学者，我祈祝他们做得比我这一代作家好……

享受阅读

我很虔诚地为这一套丛书作序。

青少年朋友们，为你们所出版的丛书业已不少，然而我还是要很负责任地说，这一套丛书无疑是值得你们阅读的。并且我相信，如果你们真的阅读了，确实对你们的成长是有益的。

你们都是喜欢上网的孩子吗？我知道,你们十之八九是那样的。

我绝不反对你们上网，连你们喜欢网上游戏这一点也不反对。为什么要反对呢？青少年时期，本就是爱游戏的呀。

但你们每天上网多久呢？一小时？两小时？抑或更长的时间？如果仅仅上网一小时，那么我相信，你们每个星期总归还会有几小时可以读读课外书。如果每天上网两小时以上，那么我斗胆建议你，节省出一小时来，读读书吧，比如，就是这一套丛书。

网上也有吗？网上究竟有没有这样的一些书，我是不清楚的，因为我不是一个喜欢上网的人。

依我想来,无论对于青少年还是成年人，翻开一册书与启动电脑，注目于书页与盯视着电脑屏幕，手把书脊与手抚鼠标，是很不同的状态。据我所知，家里的电脑也罢，别处的电脑也罢，大抵是放在避开阳光的地方的。若阳光投在电脑屏幕上,字图就不清楚了,是吗？

而读书之人，却是可以同时置身于阳光中的。既沐浴着阳光，又沉浸在美好文字的世界中，难道不是一种享受吗？

故我认为，读书还是以凭窗为佳。就算是背阳的窗口吧，就算是在窗扇关严的冬季吧，就算是外边正落着雪或下着雨吧，安安静静地看一会儿书，再抬眼望望窗外，望雪花无声地落在外窗台上，望雨丝如帘，使窗外景物迷蒙如梦，心灵体会着那些书中人物的思想、情怀……这样的时刻，怎不是享受的时刻呢？何况此时的你，也许舒适地坐着，也许半坐半卧，难道不是惬意之意吗？

青少年朋友们，你们当然知道的，人的大脑分为几个区域，每个区域之间有千丝万缕的联系。那么，你们当然也应该知道，读书和上网，虽然都主要是由视觉神经作用于脑区，发生脑活动，但二者之间，还是有些区别的。也就是说，上网时发生的脑活动，不完全等同于读书时发生的脑活动。进言之，读书时所发生的一系列脑活动，是只有通过读书这一件事才能进行的。如果一个人长期不读书，他的某一部分脑区，便不进行相应的活动。久而久之，该部分脑区的反射本能就迟钝了。从前说一个人有"书卷气质"，那气质便是一种脑状态所呈现于颜面的，是内在精神质量的体现。只上网不读书，人断不能有所谓"书卷气质"。

你们不是都很爱美吗？

书卷气质便是一种气质美。这种美已经被全人类认可了几千年了，并且，至今也没被否定，没被颠覆。如果你们不信，不妨调查了解一番，问问周边朋友。我估计，十之八九的人，还是很乐于听到别人说自己有书卷气质的。

那么，读书吧，就从这一套丛书读起吧！但愿这一套丛书能成为你们的架上书、枕边书；但愿这一套丛书能使你们渐渐成为不仅喜欢上网，也喜欢读书的人；但愿在你们中年的时候，别人谈论起你们，将会说："噢，那是一个喜欢读书的人。"或者说："啊，那个人的书卷气质给我留下了特别的印象。"

我并非在以虚荣游说于你们，和虚荣没有关系。我想表达的意思其实是，当人们那么评说你们的时候，也是在赞美书籍啊，也是在向读书这一人类古老而又优雅的爱好致敬啊！

孩子们，已经喜欢读书的你们，也和这一套丛书发生亲密的接触吧，还没有喜欢读书这件事的你们，从这套丛书开始吧！

我之所以肯向你们推荐这一套丛书，不仅是由书目本身的品质所决定的，也是由书中的导读文字所决定的，那使这套丛书具有了自己的特色……

读书是最对得起付出的一件事

我很幸运，我的外祖父喜欢读书，为母亲读了很多唱本，所以，虽然母亲是文盲，但能给我讲故事。到少年时期，我认识了一些字，看小人书、连环画。那个年代，小人书铺的店主会把每本新书的书皮扯下来，像穿糖葫芦一样穿成一串，然后编上号、挂在墙上，供读者选择。由于囊中羞涩，你要培养起一种能力——看书皮儿，了解这本书讲的故事是中国的还是外国的、是古代的还是当代的，从而作出判断，决定究竟要不要花二分钱来读它。

小学四五年级，我开始看文学类书籍。从一九四九年到一九六六年我上中学，全国出版的比较著名的长篇小说也就二十几部，另外还有一些翻译的外国小说，加在一起不会超过五六十部。我差不多在那个时期把这些书都读完了，下乡之后就成了一个心中有故事的人。

从听故事、看小人书到读名著，可以说这是一脉相承的——没有听过故事的人很难对小人书发生兴趣，长大以后自然也不会爱读书。可见，家庭环境对培养子女阅读习惯有多重要！

好人是个什么概念？好人是天生的吗？我想，有一部分是跟基因有关的，就像我们常说的"善根"。但是，大多数人后天是要变化的，正如《三字经》所讲的"人之初、性本善，性相近、习相远"。当年，我们拿起的任何一本书，有个最基本的命题，就是善，或者说人道主义。我们读书时，会对书中的正面人物产生敬意，继而以其为榜样，他们怎么做，我们也会学着做。学的多了，也就自然而然地走上了这条路。可以得出一个结论：一个人读了很多好书，他很可能是个好人。我实实在在地感受到了书籍对自己的改变，在"底色"的层面影响了我。因此，我对书籍的感激超越常人。

在互联网时代，我们看到很多暴力、色情等不良内容。这是网络文化产生以后，全世界所面临的共同性问题。但是，我们也必须看到一点，有的人很快就从这个泡沫中摆脱出来了——他们过了一把瘾，明白电脑和手机只不过是工具，没营养的内容很浪费时间；而且，这些不良内容就像无形的绳子，套住你的品位使劲往下拽，往往还是"下无止境"的。如果我们的亲人和朋友们也成了这种低俗文化娱乐的爱好者，你也会感到悲哀。

咱们的电视节目跟五六年前相比已经发生了变化——不仅仅以"逗乐"为唯一目的了，加进了友情、亲情的温暖和对是非对错的判断。这些正面的社会价值观开始不断进入我们的视野。当然，节目本身的品质也是重点。要相信，我们的大多数创作者会逐渐体会到：不应该只停留在"逗乐"的层次上。至于网络上的不良内容和受众人群，我感到遗憾——有那么多好的书、好的文章给读者带来各种美好的可能性，你为什么偏要往那么低下的方向走呢？娱乐也是需要体面的。看一本低俗的书说明不了什么，但如果只找这类书和片段来看就有问题了。这样做人不就毁了吗？在当代社会，这样的人已经和那些文字垃圾变成同一堆了。现在，有些青年就愿意沉浸在那样的泡沫里，那就不要抱怨你的人生没有希望。

个人有没有文化自信？当然有。在日常生活中，我经常看到就有许多人处于自卑的状态，哪怕他们成了有钱人、当了官，一谈到文化，他们就不自信了。而我也接触过一些普通人，他们在文化上是自信的，可以和任何人平等地谈某一段历史、某一个话题。书和人的关系就在这儿——在教育资源、社会资源等方面，你无法跟那些出身上层社会富裕家庭的孩子相比；但在读书这件事上，你们是平等的。无论你端盘子、开饭馆，或是工厂里的普通工人，那么多的好书就摆在那供你选择。与其怨天尤人——我没有一个好爸爸、好家庭，连朋友都在同样层面，不如看看眼前这条路，路上铺满了书。

读书是最对得起付出的一件事，你多读一本好书，就会对你产生影响。实际上，除了书籍，没有其他的方式能够使普通青年朝向学者、作家这条路走过去。只要你曾经花过十年或者更多的时间去读好书，无论做什么，都有自信。

我们年轻时手头很紧，花八角钱买一本书也会犹豫。现在的经济条件好了太多，一本书即便是四五十元，也不过就是一场电影票的钱，可年轻人却不愿意读书了。现在，中国人口已经超过十四亿，而我们的读书人口比例的世界排名却是很靠后的，和发达国家的差距很大。在地铁上，满眼望去，在一万个人里可能都挑不到一个有读书习惯的人。在现实生活中，从一个人的言行中就能看到他们的父母与家庭，以及更深层次的文化背景。那些"追星族"还能活到什么高度？其实，我这么说的时候，包含着一种心疼。

心灵的花园

谁不希望拥有自己的一个小小花园？哪怕是一丈之地呢！若有，当代人定会以木栅围起。那木栅，我想也定会以个人的条件和意愿，摆弄得尽可能的美观。然后在春季撒下花种，或者移栽花秧。于是，企盼着自己喜爱的花儿，日日地生长、吐蕾，在夏季里姹紫嫣红地开成一片。虽在秋季里凋零却并不忧伤。仔细收下了花籽儿，待来年再种，相信花儿能开得更美……

真的，谁不曾怀有过这样的梦想呢？

都市寸土千金，地价炒得越来越高。拥有一个小小花园的希望，对寻常之辈不啻是一种奢望、一种梦想。某些老资格的人才有可能把希望变成现实。于是令寻常之人羡眼匕斜。

我想，其实谁都有一个小小花园，谁都是有苗圃之地的，这便是我们的内心世界。人的智力需要开发，人的内心世界也是需要开发的。人和动物的区别，除了众所周知的诸多方面，恐怕还在于人有内心世界。心不过是人的一个重要脏器，而内心世界是一种景观，它是由外部世界不断地作用于内心渐渐形成的。每个人都无比关注自己及至亲至爱之人心脏的健损，以至于稍有微疾便惶惶不可终日。但并非每个人都关注自己及至亲至爱之人的内心世界的阴晴，己所无视，遑论他人？

我常"侍弄"我心灵的苗圃。身已不健，心倘尤秽，又岂能活得好些？职业的缘故，使我习惯对自己和他人的心灵予以研究。结论是：心灵，亦即我所言内心世界，是与人的身体健康同样重要的。故保健专家和学者们开口必言的一句话，不仅仅是"身体健康"，而且是"身心健康"。

我爱我的儿子梁爽。他读小学，这正是一个人的内心世界开始形成的年龄。我也常教他学会如何"侍弄"他那小小心灵的苗圃。"侍弄"这个词，用在此处是很勉强的，不那么贴切，姑且借用之吧！意思无非是人自己的内心世界如果自己惰于拂拭，是会浮尘厚积、杂草丛生的。也许有人联系到禅家的一桩"公案"——"时时勤拂拭，莫使惹尘埃"之说的"俗"和"心中无一物，何处惹尘埃"之说的"彻悟"。

我系俗人，仅能以俗人的观念和方式教子。现代人中，我不曾结识过一个内心完全"虚空"的。满口"虚空"，实际上内心物欲充盈、名利不忘的，倒是大有人在。故我对儿子首先的教诲是：人的内心世界，或言人的心灵，大概是最容易招惹尘埃、沾染污垢的，"时时勤拂拭"也无济于事；心灵的清洁卫生只能是相对的，好比人的居处的清洁卫生只能是相对的；而根本不拂拭，甚至不高兴别人指出尘埃和污垢，则是大不可取的态度，好比病人讳疾忌医。

一次儿子放学回到家里，进屋就说："爸爸，今天同学的红领巾被老师收去了！"

我问："为什么。"

儿子回答："犯错误了呗！把老师气坏了！"

那同学是他好朋友，但却有些日子不到家里来玩儿了。我依稀记得他讲过，似乎老师要在他们两者之间选拔一名班干部。

我又问："你高兴？"

他怔怔地瞪着我。

我将他召至跟前，推心置腹地问："跟爸爸说实话，你是不是因此而高兴？"

他便诚实地回答："有点儿。"

我说："你学过一个词，叫'幸灾乐祸'，你能正确解释这个词吗？"

他说："别人遭到灾祸时自己心里高兴。"

我说："对。当然，红领巾被老师收去了，还算不得什么灾。但是，你心里已有了这种'幸灾乐祸'的根苗，那么你哪一天听说他生病了、住院了，甚至生命有危险了，说不定你内心里也会暗暗地高兴。"

儿子的目光告诉我，他不相信自己会那样。

我又说："为什么他的红领巾被老师收去了，你会高兴呢？让爸爸替你分析分析，你想一想对不对？如果你们老师并不打算在你们两个之间选拔一名班干部，你倒未必幸灾乐祸。如果你心里清楚，老师最终选拔的肯定是你，你也未必幸灾乐祸。你之所以幸灾乐祸，是因为自己感到，他和你被选拔的可能性是相等的，甚至他被选拔的可能性更大些。于是你才因为他犯了错误，惹老师生气了而高兴。你觉得，这么一来，他被选拔的可能性缩小，你自己被选拔的可能性就增大了。你内心里这一种幸灾乐祸的想法，完全是由嫉妒产生的。你看，嫉妒心理多丑恶呀，它竟使人对朋友也幸灾乐祸！"

儿子低下了头。

我接着说："如果他并没犯错误，而老师最终选拔他当了班干部，你现在幸灾乐祸，就可能变成一种内心里的愤恨了。那就叫嫉妒的愤恨。人心里一旦怀有这一种嫉妒的愤恨，就会进一步干出不计后果、危害别人、危害社会的事，最后就只有自食恶果。一切怀有嫉妒的愤恨的人，最终只有那样一个下场……"

接着我给他讲了两件事。有两个女孩儿，她们原本是好朋友，又都是从小学芭蕾舞的。一次，老师要从她们两人中间选一个当主角。其中一个，认为肯定是自己，应该是自己，可老师偏偏选了另一个。于是，她就在演出的头一天晚上，将她好朋友的舞裙，剪成了一片片。另外有两个女孩儿，是一对小杂技演员。一个是"尖子"，也就是被托举起来的。另一个是"底座"，也就是将对方托举起来的。她们的演出几乎场场获得热烈的掌声。可那个"底座"不知为什么，内心里怀上了嫉妒，总是莫名其妙地觉得，掌声是为"尖子"一个人鼓的。她觉得不公平。日复一日地，那一种暗暗的嫉妒，就变成了嫉妒的愤恨。她总是盼望着她的"尖子"出点儿什么不幸才好。终于有一天，她故意失手，制造了一场不幸，使她的"尖子"在演出时当场摔成重伤……

最后我对儿子讲，如果那两个因嫉妒而干伤害别人之事的女孩儿，不是小孩儿是大人，那么她们的行为就是犯罪行为了……

儿子问："大人也嫉妒吗？"

我说大人尤其嫉妒。一旦嫉妒起来尤其厉害，甚至会因嫉妒干种种坏事。也有因嫉妒太久，又没机会对被嫉妒的人下手而自杀的……

我说，凡那样的大人，皆因从小的时候开始，就让嫉妒这颗种子，在心灵里深深扎了根。他们的内心世界，不是花园，不是苗圃，而是荆棘密布的乱石岗……

儿子问："爸爸，你也嫉妒过吗？"

我说我当然也嫉妒过，直到现在还时常嫉妒比自己幸运、比自己优越、比自己强的人。我说人嫉妒人是没有办法的事。从伟大的人到普通的人，都有嫉妒之心。

儿子问："那怎么办呢？"

我说："第一，要明白嫉妒是丑恶的，是邪恶的。嫉妒和羡慕还不一样。羡慕一般不产生危害性，而嫉妒是对他人和社会具有危害性和危险性的。第二，要明白，不可能一切所谓好事，好的机会，都会理所当然地降临在你自己头上。当降临在别人头上时，你应对自己说，我的机会和幸运可能在下一次。而且，有些事情并不重要。比如对于一个小学生来说，当上当不上班干部，并不说明什么。好好儿学习，才是首要的……"

儿子虽然只有十几岁，但我经常同他谈心灵。不是什么谈心，而是谈心灵问题。谈嫉妒、谈仇恨、谈自卑、谈虚荣、谈善良、谈友情、谈正直、谈宽容……

不要以为那都是些大人们的话题，十几岁的孩子能懂这些方面的道理了，该懂了。而且，我认为，他们也很希望懂。我认为，这一切和人的内心世界有关的现象，将来也必和一个人的幸福与否有关。我愿我的儿子将来幸福，所以我提前告诉他这些……

邻居们都很喜欢我的儿子，认为他是个"懂事"的好孩子。同学们跟他也都很友好，觉得和他在一起高兴、愉快。

我因此而高兴，而愉快。

我知道，一个心灵的小花园，"侍弄"得开始美好起来了……

老 妪

那一个老妪是一个卖茶蛋的老妪。在十二月的一个冷天，在北京龙庆峡附近，儿子需作一篇"游记"，我带他到那儿"体验生活"。

卖茶蛋的皆乡村女孩儿和年轻妇女。就那么一个老妪，跻身于她们中间，并不起劲儿地招徕。偶发一声叫卖，嗓音是沙哑的。所以她的生意就冷清。茶蛋都是煮的。老妪锅里的蛋未见得比别人锅里的小。我不太能明白男人们为什么连买茶蛋还要物色女主人。

老妪似乎自甘冷清，低着头，拨弄煮锅里的蛋。时时抬头，目光睃向眼前行人，仿佛也只不过因为不能总低着头。目光里绝无半点儿乞意。

我出于一时的不平，一时的体恤，一时的怜悯，向她买了几个茶蛋。活在好人边上的人，大抵内心会生发这种一时的小善良，并且总克制不了这一种自我表现的冲动。表现了，自信自己仍立足在好人边上，便获得一种自慰和证明了什么的满足感……

老妪应找我两毛钱，我则扯着儿子转身便走，佯装没有算清小账。儿子边走边说："爸，她少找咱们两毛钱。"我说："知道，但是咱们不要了。大冷的天，她卖一只茶蛋挣不了几个钱，怪不易的……"于是我向儿子讲，什么叫同情心，人为什么应有同情心，以及同情心是一种怎样的美德等等……两个多小时后，我和儿子从公园出来，被人叫住——竟是那老妪，袖着双手，缩着瘦颈，身子冷得佝偻着。

"这个人，"她说，"你刚才买我的茶蛋，我还没找你钱，一转眼，你不见了……"

老妪一只手从袖筒里抽出，干枯的一只老手，递向我两毛钱，皱巴巴的两毛钱……儿子仰脸看我。我不得不接了钱。我不知自己当时对她说了句什么……而公园的守门人对我说："人家老太太，为了你这两毛钱，站我旁边等了那么半天……"

我和儿子又经过买茶蛋的摊儿时，见一老叟，守着她那煮锅。如老妪一样，低着头，摆弄煮锅里的蛋。偶发一声叫卖，嗓音同样是沙哑的。目光偶向眼前行人一睐，也只不过是任意的一睐，绝无半点儿乞意。比别人，生意依旧冷清……

人心的尊贵，一旦近乎本能的，我们也就只有为之肃然了。我觉得我的类同施舍的行径，对于老妪，实在是很猥琐的……

谁是最可敬的人

我以为，情感是每一个人的"不动产"。它应该随着社会的文明而"升值"。它是精神的"琥珀"。说到底，人类精神自我完善的终极目的，乃是为了使我们每一个人的情感更丰富，更细腻，更符合人性的自然。货币升值、情感贬值的时代，无论工业怎样发达，商业怎样繁荣，其实都是令人悲哀而沮丧的。这不但会使我们每个人都成了百万富翁之后依然觉得无奈的贫穷，而且会使我们每个人都陷入空前的孤独。何况富人毕竟是少数。

所以，在今天这么一个物欲横流，对物质的占有欲望极端膨胀，到处可见贪婪和经商野心的嚣噪不安的年月，我是很重视对于我的儿子的情感教育的。因为我清楚地知道，我将不能留给他什么所谓的遗产。我对他的情感教育，乃是我对他的为父者的责任之一啊！

某一天儿子回来发愁，说老师留了一篇作文，题目是《一个你尊敬的人》。

"哪儿有这样的人啊？"儿子迷惘地嘟哝，一副愁眉不展的样子。

我正在写作，听了他的话，不禁搁笔，问他："怎么，这世界上竟没有一个受你尊敬的人？"

儿子说："若有，那你告诉我是谁？"

我说："你自己想想。"

他说："不用想，那就是雷锋呗。可雷锋已经去世了。老师要求写一个活着的人，还不能写一个报纸上、电视里宣传的什么模范人物，这不等于是故意为难我们吗？"

我说："反正在你的周围，在你的熟悉的人中，值得你尊敬的人，肯定是有的。"

他问："谁？"

他又说："你自己，或者妈妈呗！"

我问："你为什么这样猜测？"

他说："许多同学都写自己的爸爸妈妈。"

我说："儿女尊敬爸爸妈妈，当然是应该的。每个人正是从这一点开始，学会尊敬师长，尊敬一切值得尊敬的人。但是我不希望你写爸爸，也不希望你写妈妈。在我们的生活范围里，有一个人确实值得你尊敬，也值得写。"

他想了想，说出一个为世人所熟悉的名字。

我摇头。

他急躁地说："她是著名演员，经常在电视里露面，名字经常见报，还不值得尊敬吗？"

我也有些生气地说："你别往名人里去想！一个人的名气和一个人究竟可敬不可敬，有些时候恰恰是成反比的。你往最普通最平凡的人里去想想！如果你能够从他们中发现，有一个人的某一点值得你尊敬，那就是真的可敬的人或可敬的品格了。因为他们的名字不大容易见报，他们几乎一辈子根本没可能在电视里露面，他们的好品格才最是本质的，才最是无杂念的，才最是值得我们由衷去尊敬的！这样的一个人在我们的生活范围内明明是有的！爸爸和你天天都不止一次地见着他！"

儿子不言语了，默默地想。

我又问："是谁，一年四季，每天早早起来，把咱们周围的环境打扫得干干净净？是谁，每年开春给院里院外的花修枝，浇水？是谁，每年元旦、春节，不管天气多冷，不管刮风还是下雪，连夜扫尽遍地鞭炮的碎屑，使我们第二天看见一个舒心悦目的早晨？……"

儿子低声说："爸爸，我明白了……"

他那篇作文，写的是我们中国儿童电影制片厂的老勤杂工赵大爷。

他在作文中这样写道："赵大爷是穷人中的一个。五年多以来，我从未见他穿过一件哪怕稍微新一点儿的衣服。爸爸妈妈给过他一些衣服，却不曾见他穿过。想必是自己舍不得穿，捎回农村去了吧？他干的活不少，并且是要天天干的；哪一天不干，宿舍区和厂区的环境都会大不一样。他每个月只拿一百五十元。在今天，每个月只拿一百五十元，干他天天必干的那种脏活，而且干得认真负责、任劳任怨的人，恐怕是太少了……"

不久，赵大爷去世了，很突然地就去世了。大概是死于脑出血。

儿子那一天对我说："爸爸，我心里好难过。为什么一个辛辛勤勤为我们服务了那么多年的好人去世了，人们心里仿佛一点儿悲伤的感觉都没有？而有的人家里若死了他们养的一条小狗、一只小猫、一条鱼或者花虫什么的，也会闹得人人皆知，悲伤得要命似的？……"

儿子落泪了。

我说："儿子，我心里也很难过啊！"

我搂着儿子，在默默地难过之中，寄托着我们父子对赵大爷的哀思……

儿子后来又写了一篇作文是《怀念赵大爷》。这一篇作文不是在我的启发之下写的，是他自己想写的，是我翻阅他的作文本时发现的。

儿子在他的第二篇关于赵大爷的作文中这样写道："赵大爷干完他应该干的活，还经常帮人修自行车，帮人搬搬抬抬的。大概他明白，他唯一能对别人有所帮助的，就是他那双手和他的力气了。

所以他从不放过可以帮助别人的机会，哪怕别人并没求他。他是个完全没有文化的人。然而在我看来，又是一个极其文明的人，一个极其文明的穷人。我从没见他和谁吵过架，甚至从未见他和谁大声嚷嚷过。一些有知识有文化的人，如今吃了一点儿亏，甚至明明没吃亏，只不过自己觉得似乎吃了什么亏，就会骂天骂地的。而我从没听到赵大爷口中吐出过一个脏字。穷是多么容易使人嫉妒啊！在我们这幢楼里，住着不少先富起来了的人。在他们的高消费的比照下，赵大爷日复一日、任劳任怨地干他那份儿脏活，月复一月挣他那一百五十元钱，从不眼红别人的生活，更不在背后对别人的高消费说三道四。他从垃圾堆里捡出酒瓶子、罐头盒、破纸箱、破鞋袜，积聚多了就卖，所得算是他的额外收入……赵大爷，我心里是很尊敬你的啊！你穷，可是你善；你没文化，可是你文明；你干的是脏活，可是你敬业。好人赵大爷，穷人赵大爷，文明而善良的穷人赵大爷，干脏活而内心干净的赵大爷，我会长久长久地怀念你的……"

我读着儿子的这一篇作文，心中十分激动。我觉得，儿子的作文，写得从来没有这么好过。这是儿子最用心写的一篇作文！

我感到欣慰的是，作为一个父亲，我不但关心过儿子的心脏作为器官是否是健康的，而且也关心到了他的内心世界是怎么样的，将来会变成怎样的。

儿子啊，我愿你的内心里，将来对于普通善良的好人们，充满着仁和爱的感情，而这的确是需要爸爸从现在开始对你进行有益的教育的。这一种教育，目的在于使你明白，人作为人，虽在一切物质之中，却应同时在一切物质之上。归根结底，清贫者和大富豪的生活都同样是有缺陷的。后者的缺陷里填的是金钱。我没那么多金钱遗留给你，你将来只有用你对生活、对他人的爱心填充你生活的物质缺陷。这虽不比用金钱去填充更得意，但也绝不更卑俗……

我和橘皮的往事

多少年过去了，那张清瘦而严厉的、戴六百度黑边近视镜的女人的脸，仍时时浮现在我眼前，她就是我小学四年级的班主任老师。想起她，也就使我想起了一些关于橘皮的往事……

其实，校办工厂并非今天的新事物。当年我的小学母校就有校办工厂，不过规模很小罢了，专从民间收集橘皮，烘干了，碾成粉，送到药厂去，所得加工费，用以补充学校的教学经费。

有一天，轮到我和我们班的几名同学，去那小厂房里义务劳动。一名同学问指派我们干活的师傅，橘皮究竟可以治哪几种病。师傅就告诉我们橘皮可以治什么病，尤其对治疗平喘和减缓支气管炎有良效。

我听了暗暗记在心里。我的母亲，每年冬季都为支气管炎所苦，经常喘作一团，憋红了脸，透不过气来。可是家里穷，母亲舍不得花钱买药，就那么一冬季又一冬季地忍受着，一冬季比一冬季气喘得厉害。看着母亲喘作一团，憋红了脸，透不过气来的痛苦样子，我和弟弟妹妹每每心里难受得想哭。我暗想，一麻袋又一麻袋，这么多这么多橘皮，我何不替母亲带回家一点儿呢？……

当天，我往兜里偷偷揣了几片干橘皮。

以后，每次义务劳动，我都往兜里偷偷揣几片干橘皮。

母亲喝了一阵子干橘皮泡的水，剧烈喘息的时候，分明地减少了，起码我觉着是那样。我内心里的高兴，真是没法儿形容。母亲自然问过我："从哪儿弄的干橘皮？"我撒谎，骗母亲，说是校办工厂的师傅送给的。母亲就抚摸我的头，用微笑表达她对她的一个儿子的孝心所感受到的那一份儿欣慰。那乃是穷孩子们的母亲们普遍的、最由衷的也是最大的欣慰啊！……

不料想，由于一名同学的告发，我成了一个小偷，一个贼。先是在全班同学眼里成了一个小偷、一个贼，后来是在全校同学眼里成了一个小偷、一个贼。

那是个特殊的年代，哪怕小到一块橡皮、半截铅笔，只要一旦和"偷"字连起来，也足以构成一个孩子从此无法洗刷掉的耻辱，也足以使一个孩子从此永无自尊可言。每每地，在大人们互相攻讦之时，你会听到这样的话："你自小就是贼！"那贼的罪名，却往往仅由于一块橡皮、半截铅笔。那贼的罪名，甚至足以使一个人背负终生。即使往后别人忘了，不再提起了，在他或她内心里，也是铭刻下了。这一种刻痕，往往扭曲了一个人的一生，改变了一个人的一生，毁灭了一个人的一生……

在学校的操场上，我被迫当众承认自己偷了几次橘皮，当众承认自己是贼。当众，便是当着全校同学的面啊！……

于是我在班级里，不再是任何一个同学的同学，而是一个贼。于是我在学校里，仿佛已经不再是一名学生，而仅仅是，无可争议地是一个贼、一个小偷了。

我觉得，连我上课举手回答问题，老师似乎都佯装不见，目光故意从我身上一扫而过。我不再有学友了。我处于可怕的孤立之中。我不敢对母亲讲我在学校的遭遇和处境，怕母亲为我而悲伤……当时我的班主任老师，也就是那一位清瘦而严厉的、戴六百度近视镜的中年女教师，正休产假。她重新给我们上第一堂课的时候，就觉察出了我的异常处境。放学后她把我叫到了僻静处，而不是教员室里，问我究竟做了什么不光彩的事。我哇地哭了……第二天，她在上课之前说："首先我要讲讲梁绍生和橘皮的事。他不是小偷，不是贼。是我嘱咐他在义务劳动时，别忘了为老师带一点儿橘皮。老师需要橘皮掺进别的中药治病。你们再认为他是小偷，是贼，那么也把老师看成是小偷，是贼吧！……"

第三天，当全校同学做课间操时，大喇叭里传出了她的声音。说的是她在课堂上所说的那番话……从此我又是同学的同学、学校的学生，而不再是小偷不再是贼了。从此我不想死了……

我的班主任老师，她以前对我从不曾偏爱过，以后也不曾。在她眼里，以前和以后，我都只不过是她的四十几名学生中的一个，最普通的、最寻常的一个……但是，从此，在我心目中，她不再是一位普通的老师了。尽管依然像以前那么严厉，依然戴六百度的近视镜……

捡垃圾的小女孩

我第一次见到她，是在元月下旬的一个日子，刮着五六级风。家居对面，元大都遗址上的高树矮树，皆低俯着它们光秃秃的树冠，表示对冬季之厉色的臣服。偏偏十点左右，商场来电话，通知我安装抽油烟机的师傅往我家出发了……

前一天我就将旧的抽油烟机卸下来丢弃在楼口外了。它已为我家厨房"服役"十余年，油污得不成样子。我早就对它腻歪透了。一除去它，上下左右的油污彻底暴露，我得赶在安装师傅到来之前刮擦干净。洗涤灵、去污粉之类难起作用，我想到了用湿抹布滚粘了沙子去污的办法。我在外边寻找到些沙子用小盆往回端时，看见一个十一二岁的女孩儿，站在铁栅栏旁。我丢弃的那台脏兮兮的抽油烟机，已被她弄到那儿。并且，一半已从栅栏底下弄到栅栏外；另一半被突出的部分卡住。

女孩儿正使劲跺踏着。她穿得很单薄，衣服裤子旧而且小。脚上是一双夏天穿的扣绊布鞋，破袜子露脚面。两条齐肩小辫，用不同颜色的头绳扎着。她一看见我，立刻停止跺踏，双手攥一根栅栏，双脚蹬在栅栏的横条上，悠荡着身子，仿佛在那儿玩的样子。那儿少了一根铁栅，传达室的朱师傅用粗铁丝拦了几道。对于那女孩儿来说，钻进钻出仍是很容易的。分明，只要我使她感到害怕，她便会一下子钻出去逃之夭夭。而我为了不使她感到害怕，主动说："孩子，你是没法弄走它的呀！"

倘她由于害怕我仓皇钻出时刮破了衣服，甚或刮伤了哪儿，我内心里肯定会觉得不安的。

她却说："是一个叔叔给我的。"又开始用她的一只小脚踩踏。

如果有什么"叔叔"给她的话，那么只能是我。我当然没有。

我说："是吗？"

她说："真的。"

我说："你可小心……"

我的话还没说完，她已弯下腰去，一手捂着脚腕了。破裂了的塑料是很锋利的。

我说："唉，扎着了吧？你倒是要这么脏兮兮的东西干什么呢？"

她说："卖钱。"

其声细小。说罢抬头望我，泪汪汪的。显然是疼的。接着低头看自己捂过脚腕的小手，手掌心上染血了。

我端着半盆沙子，一时因我的明知故问和她小手上的血而待在那儿。

她又说："我是穷人的女儿。"其声更细小了。

她的话使我始料不及，我张张嘴，竟不知再说什么好。而商场派来的师傅到了，我只有引领他们回家。他们安装时，我翻出一片创可贴，去给那女孩儿，却见她蹲在那儿哭，脏兮兮的抽油烟机不见了。我问哪儿去了？

她说被两个收破烂儿的大男人抢去了。说他们中一个跳过栅栏，一接一递，没费什么事儿就成他们的了……我问能卖多少钱？她说十元都不止呢，哭得更伤心了。

我替她用创可贴护上了脚腕的伤口，又问："谁教你对人说你是穷人的女儿？"

她说："没人教，我本来就是。"

我不相信没人教她，但也不再问什么。我将她带到家门口，给了她几件不久前清理的旧衣物。

她说："穷人的女儿谢谢您了，叔叔。"

我又始料不及，觉得脸上发烧。我兜里有些零钱，本打算掏出全给了她的。但一只手虽已插入兜里，却没往外掏。那女孩儿的眼，希冀地盯着我那只手和那衣兜。

我说："不用谢，去吧。"

她单肩背起小布包下楼时，我又说："过几天再来，我还有些书刊给你。"

听着她的脚步声消失在外边，我才抽出手，不知不觉中竟出了一手的汗。我当时真不明白我是怎么了……

事实上我早已察觉到了那女孩儿对我的生活空间的"入侵"。那是一种诡秘的行径。但仅仅诡秘而已，绝不具有任何冒犯的意味，更不具有什么危险的性质。无非是些打算送给朱师傅去卖，暂且放在门外过道的旧物，每每再一出门就不翼而飞了。左邻右舍都曾说撞见过一个小小年纪的"女贼"在偷东西。我想，便是那"穷人的女儿"无疑了……

四五天后的一个早晨，我去散步，刚出楼口又一眼看见了她，仍在第一次见到她的地方，她仍然悠荡着身子在玩儿似的。她也同时看见了我，语调亲昵地叫了声叔叔。而我，若未见她，已将她这一个穷人的女儿忘了。

我驻足问："你怎么又来了？"

她说："我在等您呀，叔叔。"语调中掺入了怯怯的、自感卑贱似的成分。

我说："等我？等我干什么？"

她说："您不是答应再给我些您家不要的东西吗？"

我这才想起对她的许诺，搪塞地说："挺多呢，你也拎不动啊！"

"喏"，她朝一旁翘了翘下巴，一个小车就在她脚旁。说那是"车"，很牵强，只不过是一块带轮子的车底板。显然也是别人家扔的，被她捡了。

我问她："脚好了吗？"

她说还贴着创可贴呢，但已经不怎么疼了。之后，一双大眼瞪着我又强调地说："我都等了您几个早晨了。"

我说："女孩儿，你得知道，我家要处理的东西，一向都是给传达室朱师傅的，已经给了几年了。"我的言下之意是，不能由于你改变了啊！

她那双大眼睛微微一眯，凝视我片刻说："他家里有个十八九岁的残疾女儿，你喜欢她，是不是？"

我不禁笑着点了一下头。

"那，一次给她家，一次给我，行不？"她专执一念地对我进行说服。

我又笑了。我说："前几天刚给过你一次，再有不是该给她家了吗？"

她眨眨眼说："那，你已经给她家几年了，也多轮我几次吧！"

我又想笑，却怎么也笑不起来了。心里一时很觉酸楚，替眼前花蕾之龄的女孩儿，也替她那张能说会道的小嘴儿。我终不忍令她太过失望，二次使她满足……我第三次见到那女孩儿，日子已快临近春节了。我开口便道："这次可没什么东西打发你了。"

女孩儿说："我不是来要东西的。"她说从我给她的旧书刊中发现了一个信封，怕我找不到着急，所以接连两三天带在身上，要当面交我。

那信封封着口，无字。我撕开一看，是稿费单及税单而已。

她问："很重要吧？"

我说："是的，很重要，谢谢你。"

她笑了："咱俩之间还谢什么。"

她那窃喜的模样，如同受到了庄严的表彰。而我却看出了破绽：封口处，留下了两个小小的脏手印儿。夹在书刊里寄给我的单据，从来是不封信封口的。好一个狡黠的"穷人的女儿"啊！她对我动的小心眼令我心疼她。

"看。"她将一只脚伸过栅栏，我发现她脚上已穿着双新的棉鞋了，摊儿上卖的那一种。并且，她一偏她的头，故意让我瞧见她的两只小辫已扎着红绫了。

我说："你今天真漂亮。"

她悠荡着身子说："我妈妈决定，今年春节我们不回老家了。"

"爸爸是干什么的？"

她略一愣，遂低下了头。我正后悔自己不该问，她抬起头说："叔叔，初一早晨我会给您拜年。"我说不必。她说一定。我说我也许会睡懒觉。她说那她就等。说您不会初一整天不出家门的呀，说她连拜年的话都想好了："叔叔，马年吉祥，恭喜发财！""叔叔，我一定来给你拜年！"说完，猛转身一蹦一跳地跑了。两只小辫上扎的红绫，像两只蝴蝶在她左右肩翻飞……

初一我起得很早，倒并不是因为和那"穷人的女儿"有个比较郑重的约会，而是由于三十儿夜晚看一本书看得失眠了。我是个越失眠反而越早起的人，却也不能说与那个比较郑重的约会毫无关系。其实我挺希望初一一大早走出家门，一眼看见一个一身簇新、手儿脸儿洗得干干净净、两条齐肩小辫扎得精精神神的小姑娘快活地大声给我拜年："叔叔马年吉祥，恭喜发财！"尽管我不相信那真能给我带来什么财运……

　　一上午，我多次伫立窗口朝下望，却始终不见那"穷人的女儿"的小身影。下午也是。到今天为止，我再没见过她，却时而想到她。每一想到，便不由得在内心默默祈祷：小姑娘，马年吉祥，恭喜发财！……

玻璃匠和他的儿子

　　二十世纪八十年代以前，城市里每能见到一类游走匠人，他们背着一个简陋的木架走街串巷，架子上分格装着些尺寸不等、厚薄不同的玻璃。他们一边走一边招徕生意："镶——窗户！……镶——镜框！……镶——相框！……"

　　他们被叫作"玻璃匠"。

　　有时，人们甚至直接这么叫他们："哎，镶玻璃的！"

　　他们一旦被叫住，他们就有点儿钱可挣了，或一角，或几角。总之，除了成本，也就是一块玻璃的原价。他们一次所挣的钱，绝不会超过几角去。一次能挣五角钱的活，那就是"大活儿"了。他们一个月遇不上几次大活儿的。一年四季，他们风里来雨里去，冒酷暑，顶严寒，为的是一家人的生活。他们大抵是些由于这样或那样的原因而被拒在"国营"体制以外的人。按今天的说法，是些当年"自谋生路"的人。有"玻璃匠"的年代，城市百姓的日子都过得很拮据，也特别仔细。不论窗玻璃裂碎了，还是相框玻璃或镜子裂碎了，那大块儿的，是舍不得扔的，专等玻璃匠来了，给切割一番，拼对一番。要知道，那是连破了一只瓷盆都舍不得扔，专等锔匠来了给锔上的穷困年代啊！……

　　玻璃匠开始切割玻璃时，每每吸引不少好奇的孩子围观。孩子们的好奇心，主要是由"玻璃匠"那一把玻璃刀引起的。玻璃刀本身当然不是玻璃的。玻璃刀看上去都是样子差不了哪儿去的刃具，像临帖的毛笔。刀头一般长方而扁，其上固定着极小极小的一粒钻石。玻璃刀之所以能切割玻璃，完全靠那一粒钻石。没有了那一粒小之又小的钻石，一把玻璃刀便一钱不值了。玻璃匠也就只得改行，除非他再买一把玻璃刀。而从前一把玻璃刀一百几十元，相当于一辆新自行车的价格，对于靠镶玻璃养家糊口的人，谈何容易！并且，也极难买到。因为在从前，在中国，钻石本身太稀缺了。所以，从前中国的玻璃匠们，用的几乎全是从前的——新中国成立前的玻璃刀，大抵是外国货。新中国成立前的人们还造不出玻璃刀来。将一粒小之又小的钻石固定在铜或钢的刀头上，是一种特殊的工艺。可想而知，玻璃匠们是多么爱惜他们的玻璃刀！与侠客对自己们的兵器的爱惜程度相比，也是不算夸张的。每一位玻璃匠都一定为他们的玻璃刀做了套子，像从前的中学女生每为自己心爱的钢笔织一个笔套。有的玻璃匠，甚至为他们的玻璃刀做了双层的套子。一层保护刀头，另一层连刀身都套进去，再用一条链子系在内衣兜里，像系着一块宝贵的怀表似的。当他们从套中抽出玻璃刀，好奇的孩子们就将一双双眼睛瞪大了。玻璃刀贴着尺在玻璃上轻轻一划，随之出现一道纹，再经玻璃匠的双手有把握地一掰，玻璃就沿纹齐整地分开了，在孩子们看来那是不可思议的……

　　我的一位中年朋友的父亲，便是从前年代的一名玻璃匠，有一把德国造的玻璃刀。那把玻璃刀上的钻石，比许多玻璃刀上的钻石都大，约半个芝麻粒儿那么大。它对于他的父亲和他一家，意味着什么不必细说。

　　有次，我这一位朋友在我家里望着我父亲的遗像，聊起了自己曾是玻璃匠的父亲，聊起了他父亲那一把视如宝物的玻璃刀。我听他娓娓道来，心中感慨万千。

他说他父亲一向身体不好，脾气也不好。他十岁那一年，他母亲去世了，从此他父亲的脾气就更不好了。而他是长子，下边有一个弟弟一个妹妹。父亲一发脾气，他就首先成了出气筒。年纪小小的他，和父亲的关系越来越紧张，也越来越冷漠。他认为他的父亲一点儿也不关爱他和弟弟妹妹。他暗想，自己因而也有理由不爱父亲。他承认，少年时的他，心里竟有点儿恨自己的父亲……

有一年夏季，父亲回老家去办理祖父的丧事。父亲临走，指着一个小木匣严厉地说："谁也不许动那里边的东西！"他知道父亲的话主要是说给他听的，同时猜到，父亲的玻璃刀放在那个小木匣里了。但他毕竟是个孩子啊！别的孩子感兴趣的东西，他也免不了会对之发生好奇心的呀！何况那东西是自己家里的，就放在一个没有锁的普普通通的小木匣里！于是父亲走后的第二天，他打开了那小木匣，父亲的玻璃刀果然在内。但他只不过将玻璃刀从双层的绒布的套子里抽出来欣赏一番，比画几下而已。他以为他的好奇心会就此满足，却没有。第三天他又将玻璃刀拿在手中，好奇心更大了。他找到块碎玻璃，试着在上边划了一下，一掰，碎玻璃分为两半，他就觉得更好玩了。以后的几天里，他也成了一名小玻璃匠，用东捡西拾的碎玻璃，为同学们切割出了一些玻璃的直尺和三角尺，大受欢迎。然而最后一次，那把玻璃刀没能从玻璃上划出纹来，仔细一看，刀头上的钻石不见了！他这一惊非同小可，心里毛了，手也被玻璃割破了。他怎么也没想到，使用不得法，刀头上那粒小之又小的钻石，是会被弄掉的。他完全搞不清楚是什么时候掉的，可能掉在哪儿了。就算清楚，又哪里会找得到呢？就算找到了，凭他，又如何安到刀头上去呢？他对我说，那是他人生中所面临的第一次重大事件，甚至，是唯一的一次重大事件。以后他所面临过的某些烦恼之事的性质，都不及当年那一件事严峻。他当时可以说是吓傻了……由于恐惧，那一天夜里，他想出了一个卑劣的方法——第二天他向同学借了一把小镊子，他将一小块碎玻璃在石块上仔仔细细捣得粉碎，夹起半个芝麻粒儿那么小的一个玻璃碴子，用胶水粘在玻璃刀的刀头上了。那一年是一九七二年，他十四岁……

三十余年后，在我家里，想到他的父亲时，他一边回忆一边对我说："当年，我并不觉得我的办法卑劣，甚至，还觉得挺高明。我希望父亲发现玻璃刀上的钻石粒儿掉了时，以为是他自己使用不慎弄掉的。那么小的东西，一旦掉了，满地哪儿去找呢？即使找不到，哪怕怀疑是我搞坏的，也没有什么根据。只能是怀疑啊！……"

他的父亲回到家里后，吃饭时见他手上缠着布条，问他手指怎么了。他搪塞地回答，生火时不小心被烫了一下。父亲没再多问他什么。

翌日，父亲一早背着玻璃箱出门挣钱去，才一个多小时后就回来了。父亲脸上阴云密布。他和他的弟弟妹妹吓得大气儿都不敢出一口。然而父亲并没问玻璃刀的事，只不过仰躺在床上，闷声不响地接连吸烟……

下午，父亲将他和弟弟妹妹叫到跟前，依然阴沉着脸，但却语调平静地说："镶玻璃这种营生是越来越不好干了。哪儿哪儿都停产，连玻璃厂都不生产玻璃了。玻璃匠买不到玻璃，给别人家镶什么呢？我要把那玻璃箱连同剩下的几块玻璃都卖了。我以后不做玻璃匠了，我得另找一种活儿挣钱养活你们……"

他的父亲说完，真的背起玻璃箱出门卖去了……

以后，他的父亲就不再是一个靠手艺挣钱的男人了，而是一个靠力气挣钱养活自己儿女的男人了。他说，以后他的父亲做过临时搬运工，做过临时仓库看守员，还做过公共浴堂的临时搓澡人。他的父亲居然还放弃一个中年男人的自尊，正正式式地拜师为徒，在公共浴堂里学过修脚……

而且，他父亲的暴脾气，不知为什么竟一天天变好了，不管在外边受了多大委屈和欺辱，再也没回到家里冲他和弟弟妹妹宣泄过。那当父亲的，对于自己的儿女们，也很懂得问饥问寒地关爱着了。这一点一直是他和弟弟妹妹们心中的一个谜，虽然都不免奇怪，却并没有哪一个当面问过他们的父亲。

到了我的朋友三十四岁那一年，也就是二十世纪九十年代初，他的父亲因积劳成疾，才六十多岁就患了绝症。在医院里，在曾做过玻璃匠的父亲的生命之烛快燃尽的日子里，我的朋友对他的父亲孝敬倍增。那时，他们父子的关系已变得非常深厚了。一天，趁父亲精神还可以，儿子终于向父亲承认，二十几年前，父亲那一把宝贵的玻璃刀是自己弄坏的，也坦白了自己当时那一种卑劣的想法……

不料他父亲说："当年我就断定是你小子弄坏的！"

儿子惊讶了："为什么，父亲？难道你从地上找到了……那么小那么小的东西啊，怎么可能呢？"

他的老父亲微微一笑，语调幽默地说："你以为你那种法子高明啊？你以为你爸就那么容易受骗呀？你又哪里会知道，我每次给人家割玻璃时，总是习惯用大拇指抹抹刀头。那天，我一抹，你粘在刀头上的玻璃碴子，扎进我大拇指肚里去了。我只得把揣进自己兜里的五角钱又掏出来退给人家了。我当时那种难堪的样子就别提了，好些个大人孩子围着我看呢！儿子，你就不想想。你那么做，不是等于要成心当众出你爸爸的洋相吗？……"

儿子愣了愣，低声又问："那你，当年怎么没暴打我一顿？"

他那老父亲注视着他，目光一时变得极为温柔，语调缓慢地说："当年，我是那么想来着。恨不得几步就走回家里，见着你，掀翻就打。可走着走着，似乎有谁在我耳边对我说，你这个当爸的男人啊，你怪谁呢？你的儿子弄坏了你的东西不敢对你说，还不是因为你平日对他太凶吗？你如果平日使他感到你对于他是最可亲爱的一个人，他至于那么做吗？一个十四岁的孩子，那么做成是容易的吗？换成大人也不容易啊！不信你回家试试，看你自己把玻璃捣得那么碎，再把那么小那么小的玻璃碴子粘在金属上，容易不容易？你儿子的做法，是怕你怕的呀！……走着走着，我就流泪了。那一天，是我当父亲以来，第一次知道心疼孩子。以前呢，我的心都被穷日子累糙了，顾不上关怀自己的孩子们了……"

"那，爸你也不是因为镶玻璃的活儿不好干了才……"

"唉，儿子你这话问的！这还用问吗？……"

我的朋友，一个三十四岁的儿子，伏在他老父亲身上，无声地哭了。几天后，那父亲在他的两个儿子、一个女儿的守护之下，安详而逝……我的朋友对我讲述完了，我和他长久无话。那时，夕照洒进屋里，洒了一地，洒了一墙。

我老父亲的遗像，沐浴着夕照，他在对我微笑。他也曾是一位脾气很大的父亲，也曾使我们当儿女的都很惧怕。可是从某一年开始，他忽然似的判若两人，变成了一位性情温良的父亲。

我望着父亲的遗像，陷入了默默的回忆。在我们几个儿女和我们的老父亲之间，想必也曾发生过类似的事吧？那究竟是一件什么事呢？可我却没有我的朋友那么幸运，至今也不知道。而且，也不可能知道了，将永远是一个谜了……

赏悦你的花季

没有学生时代的人生是遗憾的、缺失的人生。而中学时代，是人生花季的第一个"节气"。在这个"节气"里的男孩儿和女孩儿，如柳丝之乍绿；如花蕾之欲开；如蚌壳里的沙刚刚包裹上珠衣；如才淌到离泉眼不远的地方，却没形成溪流的山水；如火烧云，即使天上无风，也能不时变幻出美丽的想象……

小学是六年。从初一到高三，也是六年。然而与小学相比，人生的后六年，是质量多么不同的六年啊！男孩儿和女孩儿，朦朦胧胧地觉得，自己在某些方面像是大人了。"让我来吧，妈妈！"当男孩儿的力气使自己的母亲惊讶时，他心里是多么自得啊。"爸爸，这件事我能理解。"当女孩儿如是说，或者并不说，仅用眼睛表达她那份儿明白时，实际上她觉得，她仿佛已经能反过来安慰大人了。

而往往也确实如此。父母一经从是中学生的儿女那里获得到体恤，眼睛是会感动得发湿的。"女儿，你懂事了……""儿子，你快成大人了……"小学生不太能听到父母对他们这么说。中学时代的男孩儿和女孩儿，对从父母眼里、心里、话里流露出来的期望，也由此变得相当敏感了。父母的期望，教师的期望，学业的压力，每每使处在中学时代这个"节气"里的男孩儿和女孩儿，不禁多了几许成长的烦恼。中学生一烦恼，是连上天都会因而忧郁的。如果上天真的存在的话……

没有这些烦恼多好呢?

但又哪儿有没有阴天的整个花季呢?

我觉得,中学生应该善于悦赏自己的"节气"。那些烦恼,那些困惑和迷惘,不也是自己这一"节气"的特征吗?知道米兰·昆德拉的那一本书吗?这本书是《不能承受的生命之轻》。没有责任的人生,其实也是认识不清自我存在价值的人生,当然也是并无多大意思的人生。

中学时代的男孩儿和女孩儿,之所以与小学生不同,正在于他或她从自己所感到的那些烦恼、困惑、迷惘之中,渐悟着自己是中学生的那一份儿责任。它不必一定是优异的学习成绩,但它一定得有发奋的能动性。

如果连这一点都觉得是强加的,那么就将花季理解得未免太懈怠了。在花季里,百花争妍,那也是花儿们向大自然证明着的一种自觉愿望啊!

中学时代,一切都应该变得有自觉性了。在这种自觉性的前提下,男孩儿和女孩儿请赏悦自己花季的第一个"节气"吧,包括这个"节气"里的霜和雨……

飘扬起你青春的旗

青春是短暂的。

当我们"分解"任何一个男人或女人的人生时，便尤见青春之短暂了。

从一岁到六岁，人牙牙学语，踉跄学步，处在如小猫小狗的孩提时期。除了最基本的饮食需要，再有一种需要那就是爱了，而且多多益善。孩提时期的人还不太懂得爱别人，无论对别人包括对爸爸妈妈表现出多么强烈的"爱"，也只不过是最本能的依恋，所需要的爱也只不过是关怀与呵护。

人生的每一阶段都有着近乎天然的诗性成分。

孩提时期的诗性成分乃是人性的单纯。

一个孩子酣睡在母亲怀里的情形是特别美、特别动人的情形。他或她被父亲扛在肩头时的笑脸，是人类最烂漫的笑脸。

一个孩子所依恋的首先还不是父母，而是父爱与母爱。如果一个孩子失去了双亲，倘有另一个女人真能像慈母一样爱这孩子，那么不久这孩子在她的怀里也会睡得像在最安全的摇篮中一样踏实；倘有一个男人真能像慈父般爱这孩子，并且也喜欢将这孩子扛在肩头上，那么这孩子脸上也会绽出同样快活的笑容。

孩子用本能感觉别人对他或她爱的程度。几乎纯粹是本能，不加入什么理性的判断。但孩子的本能也往往是极其细微的。某些孩子很善于从大人的表情、大人的眼里看出爱的真伪。这也几乎是本能，不是后天的经验。

在《悲惨世界》中，小女孩珂赛特夜晚到林中去拎水时第一次遇到了冉·阿让。他说："我的孩子，你提的这东西，对你来说，太重了一点儿吧。"于是他替她拎着那桶水……

书中接着写道："那人走得相当快。珂赛特却也不难跟上他。她已经不再感到累了。她不时抬起眼睛，望着那人，显出一种无可言喻的宁静和信赖的神情……可是她感到她心里有种东西，仿佛是飞向天空的希望和欢乐……"

珂赛特当时的心情，正是我所言，人性在孩提阶段所体现出的那一种又本能又单纯的诗性啊。

珂赛特当时八岁，倘若她是今天中国城市人家的一个孩子，那么她已经该上小学二年级了。

小学时期，人有整整六年可度。

小学这一人生阶段的诗性体现在人开始懂得爱别人了。"懂得"这个词不太准确，实际上人生开始就生出对别人的爱来。小学生望着他或她所感激的人，目光中往往充满柔情了。这时一名小学生的眼睛，无论是男孩或女孩，都是会说话的眼睛。"眼睛是心灵的窗口"，我认为这一点是从小学时期开始的。

中学时期人已是少男少女了。人生处在花季的第一个节气。这时人生的诗性无须赘言，但这时的人生还不是"青春"。因为这时的人生还缺少青春最本质的特征，那就是生命饱满外溢的活力。

到了高中，人开始形成自己相当独立的思想了。人心里开始萌生出不同于以往的爱意了。这爱意已不再是对别人给予自己的关怀和呵护的回报了，而体现为主动地对异性的暗怀其情的爱慕了。也有爱得缠绵难分的情况，但大抵是暗怀其情。此时人生进入了青春期的第一个节气，正如惊蛰的节气之于四月。但高中是通向大学的最后阶梯。但凡是个初谙世事的儿女，都不敢松懈学业上的努力。在中国，尤其在城市，这是人生最诗意盎然的阶段，其实最乏诗意可言。

整整三年的埋头苦读，或者考上了大学，或者遗憾落榜。

此时，当年的孩子十八九岁了。

考上了大学的，自我补偿式地品咂青春。而一旦到了大三、大四，便又为毕业后的人生去向而时时迷惘、惶惑；遗憾落榜的，则难免陷入悲观。

青春有了另外的许多负重感。

如此"分解"起来，看得分明：青春从十八九岁真正开始，一直到一个人组成家庭的时候结束。

有些人做了丈夫或妻子，心理仍然处在六月般美好的青春期。他们青春期的诗性延续到了婚后。他们是幸福的，也是幸运的。但大多数人未必如此幸运。因为做丈夫或做妻子的角色责任、角色义务，因为家庭生活的诸多常规内容，制约着人惜别青春、服从角色的要求……所以许多中年人回眸人生，常喟叹青春短暂。而这也正是我的人生体会。我将青春短暂这一个事实告诉青年朋友们，当然不是想使青年朋友们对人生产生沮丧。恰恰相反，青春既然那么短暂，处在青春阶段的人，就应善待青春！珍惜青春！

而我最终想说的是：人啊，如果你正处在青春时期，无论什么样的挫折，无论什么样的失落，无论什么样的不公平，都不要让它损害或玷污了你的青春！

青春应该经得起失恋……

青春应该经得起一无所有……

青春应该经得起社会对人生的抛掷……

青春应该经得起别人的白眼和轻蔑……

因为，人在生命充盈着饱满外溢的活力的情况之下都经不起的事，在生命的另外时期就更难经得起了……

本命年杂感

今年是我的本命年。

最切身的体会，是意识到自己开始和许多中年人经常迷惘地诉说到，或嘴上自我限制得很紧，但内心里却免不了经常联想到的一个字。

这个字便是那令人多愁善感的"老"。

"老"也是一个令人意念沮丧、心里恓惶的字，仿佛是一种通身被什么毛茸茸的东西粘住，扯不开、甩不掉的感觉。它的征兆，首先总是表现在记忆的衰退方面。

我锁上家门却忘带钥匙的时候越来越多了。仅去年一年内，已七八次了。

以前发生这样的事儿，便往妻子的单位打电话。妻子单位的电话号码是永远也记不清的，它抄在小本儿上。而那小本儿自然不可能带在身上，每次得拨"114"询问。于是妻子接到电话通告后，骑自行车匆匆往家赶，送交了钥匙，还要再赶回单位上班。再一再二又再三再四，妻子的抱怨一次比一次甚，自己的惭愧也就一次比一次大。

于是再发生，就采取较为"勇敢"的举动，不劳驾妻子骑自行车匆匆地赶回来替我开家门了，而冒险从邻家厨房的窗口攀住雨水管道，上爬或下坠到自己家厨房的窗口，捅破纱窗，开了窗子钻入室内。去年一年内，进行了七八次这样的攀爬锻炼。有一次四楼五楼和一楼二楼的邻家也皆无人，是从六楼攀住雨水管道下坠至三楼的，破了我自己的纪录。前年、大前年每年也总是要进行几次这样的攀爬锻炼的。那时身手还算矫健敏捷，轻舒"猿臂"，探扭"狼腰"，上爬下坠，头不晕，心不慌，正所谓"艺高人胆大"。自去年起就不行了，就觉身手吃力了。上爬手臂发颤了，攀不大住雨水管道了。下坠双腿发抖了，双脚也蹬不大稳了。人贵有自知之明，于是必得在腰间牢系一条长长的绳索保俭儿险了。仅仅一年之差，"老"便由记忆扩散向体魄了，心内的悲凉也便多了几重。

也不只是出家门经常忘带钥匙，办公室的钥匙，丢了配，配了丢的，现有的一把，已是第五代"翻版"了。一个时期内再丢也无妨了，最后一次我配了十把。

信箱的钥匙也丢，丢了便得换一次锁。不好意思再求别人换锁，自己懒得换，干脆不上锁了。中国儿童电影制片厂一排信箱柜中，唯一没锁的，小门儿上一个圆锁洞的，便是梁晓声的信箱无疑了。

春节前给《中篇小说选刊》的一位女同志回信，不知怎么，寄去的又是空信封。也不知写给她的信，塞往寄给另外什么人的信封邮走了。所幸非是情书，所幸没有情人。否则，非落得个自行将绯闻传播的下场不可。

最使自己陷入难堪的，乃是其后的一件事儿。因替友人讨公道，致信某官员，历数其官僚主义作风一二三四诸条，同时给那受委屈的人去信，告之我已替他"讨公道"了，且言，倘无答复，定代其向更上一级申诉。结果，两封信相互塞错了信封。

于是数日后友人来长途电话，说："晓声，坏了坏了，你怎么把写给某某官员的信寄给了我？"

我说："别慌别慌，我再给他写一封信寄给他就是了嘛！"

友人说："我能不慌吗？你应该寄给我的信中，都写了人家些什么话呀？人家肯定也收到了，不七窍生烟才怪了呢！你给他本人写的信措辞都那么不客气，该寄给我的信里，还不尽是骂人家的话呀？我完了，以后没好果子吃了。你这不是替我'讨公道'，你这等于是害我啊！……"

所幸那官员的秘书同日也来了电话询问我是怎么回事儿。我急忙反问："那信给领导看了吗？"

她说："你又不是写给领导的，我怎么能给领导看呢？"

我说："撕掉撕掉！塞错信封了。我近日再给领导写一封……"

她说："我关心的是，你把本该寄给领导的信寄哪儿去了？如果让不该收到的人收到了，影响多不好呀？"

我说："放心放心。那是绝不会的。本该寄给领导的那封信其实没寄出……我……我已经销毁了……"

而此事之后，与几位文学师长同住某招待所观看某电视剧，结束前两日往家中打电话，嘱妻子将钥匙留在传达室（不敢随身带着，住在招待所，怕丢了）。

有人见我不停地拨，就说："兴许你家没人吧？"

我说："不是家里没人，是电话中说无此号码！这不是咄咄怪事嘛！"

对方说："是够怪的。晓声，你不至于连你自己家的电话号码都记不清吧？"

我不太有把握地说："我想，也不至于的吧？"

最终还是不得不往厂里打电话，请总机值班员查查电话表上我家的电话号码告诉我……总机值班员连说"好好好"，我听出她在那一端强忍着笑。

从始至终恰在一旁的林斤澜老先生，一本正经地说："晓声，你以后不要再叫我老师了。咱俩就算平辈儿，论哥们儿得了。不过我还能记住我家的电话号码，冲这一点，我称你晓声老哥，似乎也称得的。"

想想，不知将记错了的家中的电话号码，虔虔诚诚地抄给过多少人呢！天地良心，绝非成心的。三十儿晚上，给朋友们打电话，拨通了冯亦代老师家的电话，却开口给袁鹰老师大拜其年……

而拨通了邵燕祥老师家电话，耳听燕祥老师在那一端问找谁，竟一时的头脑空白，愣愣地说不出自己找谁。我想燕祥老师在那一端，必定以为是滋扰电话，静候数秒，也就挂断了。自己赶快看一眼小本儿，心中默念着"邵燕祥，邵燕祥"，继续重拨……

初二去看北京电影制片厂的老同事，下楼时一手拎垃圾袋儿，一手拎水果袋儿，在楼外抛掉一袋儿，只拎了一袋儿悠悠地往前走。途遇熟人，自然是互道一通儿拜年话儿。

对方就盯着我手中的塑料袋儿，嗫嚅地问："晓声，你这是……"

我说："去看×××同志。没什么带的，带点儿水果……"

见对方眼神儿不对，低头自看，哪里是一塑料袋儿水果！分明是一塑料袋儿垃圾！幸亏遇见了熟人，否则真拎将去，被热情地迎入门，大初二的，成什么事了呢！……

初三几位当年要好的知青战友相聚，瞧着其中一位，怎么也想不起人家姓名。人家却握住我手，笑问："叫不出我姓名了吧？咱们可两个月前还聚过的啊！"

我却嘴硬："怎么会忘了你叫什么呢！"

"那你说我是谁？"

"你不是……那个谁吗？你还在……那个单位吗？"

"我是那个谁？我在哪个单位？放开我手！你先放开我手嘛！再过十年八年我也能叫出你是谁呀！不用过十年八年，你现在就叫！

叫不出来，我今天就不放开你手！战友们，战友们，你们看这小子认真劲儿的！你们说我能把他的名字都忘了吗？！"

众战友相觑而笑，谁都不打算替我解围。那一顿饭，自始至终没心思吃什么。

我一直在心里暗想：这小子叫什么来着呢？猛地想起来了，举杯猝起，大叫："×××，我和你干这一杯！"

众战友面面相觑。

我心中好生的快感，得意扬扬地说："×××，刚才是成心和你别劲儿呢！你说我怎么能把你的姓名都忘了呢？那也太可笑了吧！"

果然可笑。众战友也果然一个个笑得前仰后合。我猛想起的是别人的姓名，张冠李戴了……

记忆力的减退，使我对自己的记忆首先丧失信心。同事向我借过几盘录像带，我觉得没还我。人家说还了。心想，肯定是自己记错了，那么录像带哪儿去了呢？我也是借的呀！不久同事不好意思地说："晓声，我发现，录像带还在我那儿呐！"敢情别人也有记忆力欠佳的时候。厂里交给我看的一部剧本，记得又转给另一位同事看了，可他说没在我这儿啊！心想，肯定是自己记错了，那么剧本哪去了呢？下午作者要来当面听意见的呀！片刻，同事不好意思地说："晓声，对不起，那剧本儿是在我这儿，刚才找得太粗心……"

夜里失眠，冷不丁地想起，几个月前似乎向传达室的朱师傅借过几十元钱不曾归还。第二天带在身上，一边还钱一边不安地解释："朱师傅，我最近记忆不好，几个月前借您的钱，昨天才想起来……"不料朱师傅说："晓声，你早还了！"

厂里发了一张春节购物券，同事一再清清楚楚地告诉我，只能在哪家商场用，那商场在什么什么方位……妻子去买时，自信地说：

"我认识！不就是在那儿吗？"我觉得妻子说的方位，和同事清清楚楚地告诉我的方位，相距实在太远了！有心纠正妻子，可一想，万一自己又记错了呢？于是将一份儿责任感闷在了心里。妻子自然是兜了极大极大的一个圈子，跑了很多冤枉路，回到家里，发牢骚说为一张百十来元的购物券，太得不偿失了，搭上了两个半小时！

我说："其实，你出门前，我就觉得你说的那地方不对。"

妻子生气地问："那你怎么不告诉我对的地方？"

我苦笑了一下，倍感罪过地回答："事实证明你错了，我才有把握肯定自己当时是对的呀！在没证明你错了之前，我哪儿敢有那么大的把握呢？……"

我是我们这一代人中，年龄不算最大也不算最小的一个。我们这一代，普遍的都开始记忆力明显减退了。尽管我们正处在所谓"年富力强"的年龄，我们过早地被"老"字粘上了。我们自己有时不愿承认，但个个心里都明白。我们宁愿这"老"首先是从体魄上开始的，但它却偏偏首先从心智上向我们发起了频频的攻击。难道是目前上有老下有小，自己责任多多因而都过早地患了"中年综合疲劳症"的结果？

我们这一代聚在一起，比前十年、前几年聚在一起时话都明显地少了，都大有一种欲说还休的意味儿了呢！我是早就欲说还休了。非说不可，三言两语，简明扼要地表达种意思罢了。

我却还在孜孜地写作着。有时宁愿自己变成哑巴，只写不说算了。岂非少了一项活着的内容吗？似乎所剩精力体能，仅够支配极少的甚至是最单纯的生命活动了。

真是欲休还写，欲休还写……

不定哪一天，便由欲休还写而欲写还休了。

于是常常徒自感伤起来……

万里家山一梦中

什么叫乡情？

乡情便是一个离乡很久之人没有机会说说自己的家乡，他就很难开心得起来了；而一旦有了说的机会，于是便说起来收不住话匣子，神采飞扬。

我读胜友那一篇篇关于家乡亚布力的散文，每被字里行间浓得像野生蜜的乡情所感染，所感动。其情如亚布力野生的"三莓"果，一嘟噜一嘟噜的，一串一串的；也如"甜杆"，"细吮里面的浆汁，那种甘甘的甜味，一直流到肚里，爽在心头"。

胜友是我老乡，他和我都是黑龙江人。我出生于哈尔滨市，胜友的童年和少年，显然是在亚布力的林区度过的。而亚布力这一北方的小县城，距哈尔滨仅一百四十多公里……

但我下乡之前，是没去过亚布力的。并且至今，也还是没去过。

当年不像现在，旅游这一件事，对于普通人家的孩子，是连在梦里都不敢一想的。

实际上，胜友散文中所写到的，关于亚布力的种种内容，我下乡后也终日可见，习焉不察了。故读的时候，眼前仿佛过电影一样，皆扑面呈现。

北大荒也有林场的，我是知青时，还在林区伐过木。自然，也住过些日子。当年我对于山林的感受，也是颇多新奇的。但山林之于我，终究没有如胜友般的乡情联系着。

由是想到，倘若一个人的童年和少年时期是在北方的山林中度过的，倘若那里的生活还不算太艰苦，那么未尝不是好事呢。

林区有趣的事物，比之于大大小小的城市，多得不胜枚举啊！一个人自幼接触了许多有趣之事，并且是大自然中的有趣之事，几乎可以算得上是一种幸运了啊！起码，中年以后，身居北京这样的闹市，回忆，是一种情感享受呢！也许还能安慰别的思乡的人们。

为什么我偏偏强调是"北方的山林"呢？因为北方的山林比之于南方的山林，不那么湿气弥漫。除非雨季，北方的山林一向是干爽的。到了秋天，北方的山林色彩缤纷，那一种赏心悦目的美，非是南方的山林终年单调的绿可比的。固然，绿养眼，但终年所见除了绿还是绿，确乎也会使人觉得色彩单调的。北方的山林，四季分明，一年里可见四种如画的美景。

胜友的这些散文中，有不少是关于童年和少年时期的回忆的，怀旧之意味浓矣。如果一个人的童年和少年并非浸在苦水里，那么怀旧是愉快的，也是自然而然的事。

我从胜友的散文中也读到了那种愉快。

难得他如此有心，将小时候的游戏也一一写来。比之于今天的孩子们沉迷于电脑游戏，我觉得倒是从前的、生活在大自然怀抱中的孩子们，他们那些简单的、在大自然环境里进行的游戏，似乎更叫作游戏。

一言以蔽之，读了胜友的这些散文，我想，我再回哈尔滨时，当往亚布力一去了，不知现今的亚布力以及林区，又是一番怎样的情景……

有那样一位姥姥真幸福

读倪萍的《姥姥语录》，有一种赤脚接触"地暖"的感觉。我指的是目前"家装"特别时兴的地板或地砖之下供暖的那么一种"设备"。我虽是北方人，却自幼畏寒。记得第一次双脚踏在别人家铺设了"地暖"的屋地上时，惊讶得叫出了声："多么幸福的感觉啊！"最近我家老房子装修，便也大费周张地铺设了"地暖"。是的，《姥姥语录》一书，给了我完全一样的感觉：那一种温暖，使我整颗心顿时柔软无比。区别仅仅是，这一回的温暖，是经由双手传导到我内心里的。起温暖作用的，也不是有序盘绕的导热水管，而是倪萍笔下那一行行关于姥姥的情真意切而又鲜活的文字。

我觉得，不是所有活到九十九岁甚至更大岁数的老人都自然而然是有智慧的。只有一生本着善良的原则活过来的老人才是有智慧的。善良是人性之根。宽容、体恤、正义、助人为乐……所有人性之宝贵的枝叶，皆由善良而生。"智慧"一词是可拆为两字各作诠释的。"智"的含义只不过是聪明。"慧"字却是有心的，是从善良的心里总结出的思想自觉，便也是一种"正文化"。白岩松说："不是有知识的人都有文化，不是没知识的人都没文化……"他的话正是我想表达的意思。人仅仅很"智"地活着是不够的，简直也可以说是颇为可怕的，老谋深算差不多就形容的是此类人。

　　倪萍有一位智慧且长寿的姥姥真幸福。倪萍姥姥的那些语录，更是"慧"的结晶。当代中国人皆不缺"智"。依我看来，许多人"智"得过了头。但有几人也愿"慧"伴终生呢？姥姥发乎善良本能地"智""慧"结合地活了长久的一生。姥姥的榜样，以及此书的当下价值，正在于此……

情怀的分量

　　我一向觉得，对于文学，情怀是有特殊分量的。好的文学作品，几乎无一例外地流淌着真挚的情怀，如血液流淌在人的身体里。一首诗、一篇散文是这样，一部小说尤其是这样。

　　今年春节期间，我在外地，随身带了泽俊先生的书稿《工人》。我清楚地记得，读罢《工人》是初三，上午十点左右。至今，读罢一部好作品仍会使我激动不已。当时的我便是那样。身边也没一个可以交流感想的人，忍了几忍没忍住，于是拨通了泽俊的电话，告诉他我已经读罢了《工人》。千里之外的他期待地问："达到小说的及格水平了吗？"泽俊他一向是谦虚的。我说："好，很好，非常好。"除了那短短的几句话，我竟不知再从何说起。好的小说往往会使刚读过它的人失语，能具体地说出好来是失语过后的事。泽俊又问："怎样进一步修改？"我说："作品当然是越改越好，不过，现在这样已经很好，不论出版还是发表，应都不成问题，而且必定会引起关注……"除了笼统之印象，还是谈不出具体感受，那真是一言难尽的。泽俊是中国盲文出版社汉文字出版分社的副总编。他负责出版过我的两部集子，由此我们认识了，遂成朋友。他厚道，为人诚恳，并且，对世事具有深刻的洞察力。写作是他最主要的业余爱好。很可能，还是唯一的。

　　他多次对我说，打算写一部工人题材的长篇小说。说到"工人"

两个字，他总是流露出极深厚的感情。工人阶级对中国的伟大贡献令他肃然起敬；他们"下岗"时期的种种困厄处境令他感同身受；他们至今分享改革成果之少每使他焦虑万分。

而我，也是的。我和他一样是工人的儿子。我的两个弟弟一个妹妹当年几乎同时下岗。

"工人"二字对于泽俊乃是他的情怀脐带。

谈到最后，他又总是会信誓旦旦地这么说："我要为中国工人立传。"

我当然鼓励他。但老实说，对于他究竟能写出一部怎样的工人题材的小说，心中是不免存疑的，拭目以待而已。盖因一部中国当代文学史，从一九四九年到二十世纪九十年代，差不多可以说成是一部中国农村小说史。九十年代后，小说在题材方面骤然丰富，如礼花绽放。工人题材的小说，却仍少之又少，优秀的更少。中国之大多数作家，长短都有过农村生活的经历。纵使完全没有，海量的农村题材的文学作品，加上电影电视剧，也会使作家们易于间接吸收营养。

农村于是成为中国文学的家园和苗圃。

中国当代作家普遍缺乏对工人群体尤其是从前年代的工人群体的认知，直接的和间接的认知都缺乏。连我这个工人的儿子也是。蒋子龙是极少数了解工人的作家。从这个意义上讲,他是作家中的宝。

现在，终于又出现了一位于泽俊。

泽俊笔下的三线工人群体，与子龙所了解的工人迥然不同。子龙笔下的工人是生活在城市里，工作在车间里的；泽俊笔下的工人，却是经历了背井离乡的，携家带口落户于广阔的风沙漫漫的西北天地间的，如同庞大的负有神圣迁徙使命的特殊部族，如同转战一方的千军万马的大兵团……

我认为，于泽俊成功地完成了他的夙愿。

我认为，他写出了一部工人题材的《白鹿原》。

春节一过，我迫不及待地与文化艺术出版社的董耘编辑联系。董耘是资深编辑，也是我的好朋友。好作品当然要首先推荐给是编者的好朋友。

董耘以最短的时间读罢了《工人》。

我在电话中问她印象如何。

她说："好，很好。很久没有审读过一部优秀的长篇小说了，《工人》是优秀之作。"

她的感觉和我一样，使我对自己的感觉多了一份自信。

对于《工人》这样一部小说，我可评论的方面很多，但我决定不必都写入序中。我真诚地向广大读者和文学评论家们推荐《工人》。我一点儿也不怀疑广大读者必会像我一样喜欢这部小说，为作者流淌在字里行间的真挚情怀所感动。我深信《工人》必定获得评论家们的好评。我甚至认为，下一届茅盾文学奖评选时，《工人》必具有不容忽视的角逐力。终于出现了这么一部工人题材的好小说，如果我是评委，将毫不犹豫地投它一票！最后我只评价一句：《工人》具有史诗性。我因它哭过了……

关于慈母情深

对于父母，每一个大人的心里都会保留有这样或者那样的记忆。

以上一句话中有一个问题，按说，记忆是脑的功能，为什么大人常用"记在心里"或"铭记在心里"来表述对人和事的难忘呢？

这是因为，有些事是知识性的，而有些事是情感性的。有些人和我们的关系是社会性的关系、一般性的关系，而有些人和我们的关系却是极为亲密的，它超出了一般性的社会关系。

古代的人认为，心是主导情感的。

所以，如果某些人或某些事给我们留下的是很深的情感印象，我们就习惯地说是"记在心里"或"铭记在心里"。"铭记"的意思，那就是形容像刀刻下的痕迹一样。

人和父母的情感，是世界上最真实的情感。尤其从父母对于小儿女这一方面来讲，又是最无私的情感。不爱自己小儿女的父母确乎是有的，但那是世界上很个别的不良现象。

当我们是孩子的时候，我们受到父母的种种关怀和爱护；如果我们的愿望是对于我们的成长有益的，哪怕仅仅是会带给我们快乐的，父母都会尽量地满足我们的愿望。即使因为家庭生活水平的限制，实现我们的愿望对父母来说不是一件轻易而取的事，父母也往往会无怨无悔地尽力去做。但由于我们还是孩子，在我们的愿望实现了以后，我们往往只体会到那快乐，却很少想到父母为了满足我们的愿望，曾克服了多少困难。

父母总是这样，将为难留给自己，将快乐给予自己的孩子们。

可以这么说，一个人从儿童时期到少年时期到青年时期，他或她的大多数愿望，全都是父母帮着实现的。比如，在《慈母情深》这篇课文中，《青年近卫军》这一部长篇小说的价格，等于母亲两天的工资。而且，当年的母亲，又是在那么糟糕的条件下辛劳工作着的。一个孩子开始体恤父母了，那就意味着他或她开始长大成人了。

《慈母情深》这一篇课文，节选于我的小说《母亲》。

作为作家，我为自己的父亲写出一篇小说《父亲》，它获得一九八四年的全国优秀短篇小说奖；其后我又为自己的母亲写出了一篇小说《母亲》，它获得一九八六年的《中篇小说选刊》的优秀中篇奖。

情况可能是这样，某少年报刊向我约稿，希望我为小学生们写一篇童年往事之类的短文，于是我就从《母亲》中截取了一小段寄给对方了。而题目，则肯定是编者们加的。

为什么约我写一篇关于"童年往事"的文章，我却寄了一篇关于母亲的回忆性的文章呢？我童年时期有趣的事情太少了吗？比起现在的孩子，肯定是少的，但那时也还是有一些的。比如，走很远的路去郊区的野地里，一心为弟弟妹妹逮到最大的蜻蜓和最美的蝴蝶……但比起别的事情来，这一篇课文中所记述的事情在我内心里留下的记忆最深。我就是从那一天开始体恤自己的母亲的。我也认为，我就是从那一天开始长大的。我的小学时代，中国处于连续的自然灾害年头。无论农村还是城市，大多数人家的生活都很困难。我自己的母亲是怎样含辛茹苦，我的同学们的母亲们，甚至我这一代人的母亲们，几乎也全都是那样的。我想要用文字，为自己的，也是我这一代大多数人的母亲画一幅像。我想，我们常说的一个人的"爱心"，它一定是从对自己父母的体恤开始形成的。世界上有爱心的人多了，世界就更加美好了。一切自然界为人类造成的苦难，人类也就都能通过彼此关怀的爱心来减轻它了……

我与儿子

我曾以为自己是缺少父爱情感的男人。

结婚后，我很怕过早负起父亲的责任，因为我太爱安静了。一想到我那十二平方米的家中，响起孩子的哭声，有个三四岁的男孩儿或女孩儿满地爬，我就觉得简直等于受折磨，有点儿毛骨悚然。

妻子初孕，我坚决主张"人流"。为此她倍感委屈，大哭一场，那时我刚开始热衷于写作。哭归哭，她妥协了。妻子第二次怀孕，我郑重地声明：三十五岁之前绝不做父亲。她不但委屈而且愤怒了，我们大吵一架，结果是我妥协了。儿子还没出生，我早说了无穷无尽的抱怨话。倘若他在母腹中就知道，说不定会不想出生了。妻子临产的那些日子，我们都惴惴不安，日夜紧张。

那时，妻子总在半夜三更觉得要生了。已记不清我们度过了几个不眠之夜，也记不清半夜三更，我搀扶着她去了几次医院。马路上不见人影，从北京电影制片厂到积水潭医院，一往一返慢慢地小心地走，大约三小时。

每次医生都说："来早了，回家等着吧！"妻子哭，我急，一块儿哀求。哀求也没用，医生始终是那么一句话："回家等着，没床位。"有一夜，妻子看上去很痛苦，但她咬紧牙关，一声不吭。她大概因为自己老没个准儿，觉得一次次折腾我，有点儿对不住我。

可我看出的确是"刻不容缓"了，妻子已不能走。我用自行车将她推到医院。医生又训斥我："怎么这时候才来？你以为这是出门旅行，提前五分钟登上火车就行呀！"反正我要当父亲了，当然是没理可讲的事了。总算妻子生产顺利，一个胖墩墩的儿子出世了。而我半点儿喜悦也没有，只感到舒了口气，卸下了一种重负。好比一个人被按在水盆里的头，连呛几口之后，终于抬了起来……

儿子一回家，便被移交给一位老阿姨了。我和妻子住办公室。一转眼就是两年，两年中我没怎么照看过儿子。待他会叫"爸爸"后，我也发自内心地喜爱过他，时时逗他玩一阵。但那从所谓潜意识来讲是很自私的，为着解闷儿。但心里总是有种积怨，因为他的出生，使我有家不能归，不得不栖息在办公室。

夏天，我们住的那幢筒子楼，周围环境肮脏。一到晚上，蚊子多得不得了。点蚊香，喷药，也是起不了多大作用的。蚊子似乎对蚊香和蚊药有了很强的抵抗力。

有一天早晨我回家吃早饭，老阿姨说："几次叫你买蚊帐，你总拖，你看孩子被叮成什么样了？你真就那么忙？"

我俯身看儿子，见儿子遍身被叮起至少三四十个包，脸肿着。可他还冲我笑，叫"爸……"。我正赶写一篇小说，突然我认识到自己太自私了。我抱起儿子落泪了……当天我去买了一顶五十多元的尼龙蚊帐。

上海文艺出版社的编辑修晓林初次到我家，没找到我。又到了办公室，才见着我，我挺兴奋地和他谈起我正在构思的一篇小说，他打断我说："你放下笔，先回家看看你儿子吧，他发高烧呢！"我一愣，这才想起我已在办公室废寝忘食地写了两天。两天内吃妻子送来的饭，没回过家门。

从这些方面讲,我真不是一位好父亲。人们都说儿子是个好儿子,许多人非常喜欢他。我的生活中,已不能没有他了。我欠儿子的责任和义务太多,至今我觉得对儿子很内疚。我觉得我太自私。但正是在那一两年内,我艰难地一步步地向文坛迈进。对儿子的责任和自己的责任,于我,当年确是难以两全之事。

儿子爱画画,我从未指导过他。尽管我也曾爱画画,指导一个十几岁的孩子,那点儿基础还是够用的。

儿子爱下象棋。我给他买了一副象棋,却难得认真陪他"杀一盘"。他常常哀求:"爸爸,和我杀一盘行不行啊?"结果他养成了自己和自己下象棋的习惯。记得我有一次到幼儿园去接儿子,阿姨对我说:"你还是作家呢,你儿子连'一'都写不直,回家好好下工夫辅导他吧!"

从那以后,我总算对儿子的作业较为关心。但要辅导他每天写完幼儿园的两页作业,差不多也得占去晚上的两个小时。而我尤视晚上的时间更为宝贵,白天难得安静,读书写作,全指望晚上的时间。

儿子曾有段时间不愿去幼儿园。每天早晨撒娇偷懒,哭哭啼啼,想留在家里。我终于弄明白,原来他不敢在幼儿园做早操。他太自卑,太难为情,以为他的动作,定是极古怪的,定会引起哄笑。

我便答应他,做早操时,到幼儿园去看他。我说话算话。他在院内做操,我在院外做操。有了我的奉陪,他的胆量壮了。

事后我问他:"如果你连当众伸伸胳膊踢踢腿都不敢,将来你还敢干什么?比如看见一个小偷在公共汽车上扒人家腰包,你敢抓住他的手腕吗?"

他沉吟许久,很严肃地回答:"要是小偷没带刀,我就敢。"

我笑了,先有这点胆量也行。

我又对他说："只要你认为你是对的，谁也别怕，什么也别怕！"

我希望我的儿子在这一点上将来像我一样。谁知道呢？

总而言之，我不是一位尽职的父亲。儿子天天在长大，我深知我对他的责任将更大了。我要学会做一位好父亲，去掉些自私，少写几篇作品，多在他身上花些精力。归根到底，我的作品，也许都微不足道。但我教育出怎样一个人交给社会，那不仅是我对儿子的责任，也是我对社会的责任。

我不希望他多么有出息，这超出我的努力及我的愿望。

我开始告诉儿子……

儿子九岁，明年上四年级。

我想，我有责任告诉他一些事情。

其实我早已这样做了。

儿子爱画。于是有朋友送来各种纸。儿子若自认为画得不好，哪怕仅仅画一笔，一张纸便作废了。这使我想起童年时的许多往事。有一天我命他坐在对面，郑重地严肃地告诉他："爸爸读小学三年级的时候，从来没见过一张这么好的纸。爸爸小时候也爱画。但所用的纸，是到商店去捡回来的，包装过东西的，皱巴巴的纸，裁了，自己订。便是那样的纸，也舍不得画一笔就作废的，因为并不容易捡到。那一种纸是很黑很粗糙的，铅笔道画上看不清。因为那叫'马粪纸'……"

"怎么叫'马粪纸'呢？"

于是我给他讲那是一个怎样的年代。在那样的一个年代，几乎整整一代共和国的孩子们，都用"马粪纸"。一流大学里的教授们的讲义，也是印在"马粪纸"上的。还有书包，还有文具盒，还有彩色笔……哪一位像我这种年龄的父母，当年不得书包补了又补，文具盒一用几年乃至十几年呢？

·············

"爸爸，我拿几毛钱好吗？"

"干什么？"

"想买一支雪糕吃。"

我同意了。几毛钱就是七毛钱，因为一支雪糕七毛钱。

于是儿子接连每天吃一支雪糕。

有一天我又命他坐在对面，郑重地严肃地告诉他："七毛钱等于爸爸或妈妈每天工资的一半。爸爸从小学一年级到六年级，总共吃了还不到三四十支。当然并非雪糕，而是'冰棍'，且是三分钱一支的，舍不得吃五分一支的，更不敢奢望一毛一支的。只能在春游或开运动会时，才认为自己有理由向妈妈要三分钱或六分钱……"

我对儿子进行类似的教育，被友人们碰到过几次。当着我儿子的面，友人们自然是不好说什么的。但背过儿子，皆对我大不以为然。他们觉得我这样做父亲，未免煞有介事，甚至挖苦我是借用"忆苦思甜"的方法。

友人们的"批判"，我是极认真地想过的。然而那很过时的，可能被认为相当迂腐的方法，却至今仍在我家里沿用着，也许要一直沿用到儿子长大成人，打算在他干脆将我的话当耳旁风的时候打住。

所幸现今我告诉了他的，竟对他起到了一定的影响。一次，儿子把作业本拿给我看，虔诚地问："爸爸，这一页我没撕掉。我贴得好吗？"那是跟我学的方法：从旧作业本上剪下一条格子，贴在了写错字的一页上。我是从来舍不得浪费一页稿纸的，尽管是从公家领的。那一刻我内心里竟十分激动，情不自禁地抱住他亲了一下。"爸爸，你为什么哭呀？"儿子困惑了。我说："儿子啊，你学会这样，你不知爸爸多高兴呢！"我常常想，我们这一代人中的绝大多数，都是拉扯着我们父母的破衣襟，跟着共和国趔趄的步子走过来的。怎么，我们的下一代消费起任何东西时的那种似乎理所当然和毫不吝惜的损弃之风，竟比西方富有之国富有之家的孩子们要甚得多呢？仿佛我们是他们的富有得不得了的爸爸妈妈似的。难道我们自己也荒诞到这么认为了吗？如果不，我们为什么不告诉他们一些他们应该知道的事呢？

我的儿子当然可以用上等的复印纸习画，可以有许多彩色笔，可以不必背补过的书包，可以想吃"紫雪糕"时就吃一支……但他必须明白，这一切的确便是所谓"幸福"之一种了！我可不希望培养出一个从小似乎什么也不缺少，长大了却认为这世界什么都没为他准备齐全，因而只会抱怨乃至憎恶的人。无忧无虑和基本上无所不缺，既可向将来的社会提供一个起码身心健康的人，也可"造就"成一批少爷。而这个国家、这个民族，是再也养不起那么多少爷的。现有的已经够多的了！难道不是吗？少爷、小姐型的一代，是对任何一个国家、一个民族最大的报应。而对一个穷国、一个正在觉醒的民族，则简直无异于是报复。

体恤儿子

现在，儿子是一点儿良好的自我感觉也没有了，稍微的一点儿也没有了，起码我这个父亲是这么看他的。

由小学生到中学生，他已算颇经历了一些事，或直白说是一些挫折。在学业竞争中呛了几次水，品咂了几次苦涩。

儿子自小就受到邻居的喜爱，"干妈"们不少，"干妈"们认他这个"干儿子"，绝非冲着我认的。一个写作者的儿子没有什么稀罕的，在人际关系中对谁都不可能有实际的帮助，犯不着走"干儿子"路线，迂回巴结。当然也绝非冲着他亲妈认的，他亲妈，我的"内人"乃工人阶级之一员，更是谁都犯不着讨好的。别人们喜爱他，纯粹是因为他自己有招人喜爱之处。他长得招人喜爱，虎头虎脑，一副憨样儿。他性情招人喜爱，不顽不闹，循规蹈矩，胆子还有些小，内向又文静。

在小学六年里，他由"一道杠"变成"两道杠"，由小组长变成班委，连续三年是"三好学生"。这方面、那方面，奖状获了不少。而优于我的一点是，"群众关系"极佳。同学们都乐于跟他交朋友。小学中的儿子，是班里的一个小"首领"，不是靠了争强好胜，而是靠了随和亲善。

六年级下学期，他挺在乎的一件事，便是能否评上"三好学生"

了。评上了，据他自己讲，就可以被"保送"了。然而儿子小学的最后一次考试，亦即毕业考试，却并没有考好。在我印象中，似乎数学九十六分，语文八十五分，平均九十点五分。结果可想而知，他在全班的名次排到了第二十几名。儿子终于意识到，"保送"是绝无希望了！

"但是我们老师说，一百二十三中也不错！以后可能升格为区重点中学呢！"

他这么安慰他，也希望他的父亲能从这番话中获得安慰。

我当然有些沮丧，但主要是替他感到的。

我说："儿子，好学生不只出在重点中学里。你能自己往开了想，这一点爸爸赞成。"

在我印象中，一百二十三中是我们那一市区普通得不能再普通的一所中学。然而儿子连这一所中学也没去成。两天后他回到家里，表情从来没有过的抑郁。

他说："爸，老师说去一百二十三中的同学，名次必须在二十名以前。"

我说："那，你如果连一百二十三中也去不成的话，能去哪一所中学呢？"

"老师悄悄告诉我，推荐我去北医大附中。"听来倒好像老师们格外惠顾着他似的。而北医大附中，据我想来，已属"最后的退却"了。

我问："你们老师不是说，考卷要发给家长们看看的吗？"我这么问，是因为我凭着大人的社会经验，开始起了些疑心的。

"又不发了。"

"为什么？"

"不知道。"

"你自己怎么想？"

"我……怎么想也没用了……"

我说："儿子，听着。如果你希望进一所较好的中学，爸爸是可以试着办一办的，只不过太违反爸爸的性格。但爸爸从来没给你开过一次家长会，觉得很愧疚，也是肯在你感到需要时……"

"爸你别说了！我不怪你。我去北医大附中就是了。"

看得出，儿子是不愿使我这个"老爸"做什么违心求人之事的。然而儿子连北医大附中也没去成。

第二天他接到同学打来的一个电话后，伤心地哭了。他被分到了一所仿佛是全市最差的中学。

我说："别哭，也许是不一定的事儿呢！"

发榜那一天，结果却正是那么一回事儿。只不过他拿回了小学的最后一份"三好学生"证书。

于是该轮到我安慰他了。我说："哪怕最差的中学，只要学生自己努力，也是有可能考上最好的高中的。你难道没有信心做一名这样的中学生？"

他流着泪说："有的……"

于是开学那一天，我亲自送他去报到……

但是他的"干妈"们，和一直关心着他升学去向的我的朋友们，获知消息后，一个个都感到十分意外了，纷纷登门了，有的严厉地批评我对子女之不负责任，有的"见义勇为"地向儿子保证着什么……

后来，儿子去了另一所中学。如今，上了中学的儿子，仅仅一年，性情彻底变了，也成了家中最没有"业余时间"的成员。早晨我还在梦乡之中，他就已经离开家骑着自行车去上学了。晚上，妻子都已经下班了，儿子往往还没回到家里。一回到家里，就一头扎入他自己的小房间，将门关起来。吃过晚饭，搁下饭碗就又回到他的小房间……

有次我问他："在同学中有新朋友了吗？"

他摇头，摇过头说："都只顾学习，谁跟谁都没时间建立友谊。"

倒是他小学的同学们，星期天还常一伙一伙地来找他玩儿。瞧着些小学的学友们在一起那股子亲密劲儿，我真从内心里替孩子们感到忧伤，缺乏友谊，缺少愉悦的时光，整天满脑子是分数、名次和来自家长及学校双方的压力。这样的少年阶段，将来怕是连点儿值得回忆的内容都没了吧？几分之差，往往便意味着名次排列上前后的悬殊。所以为了几分乃至一分半分，他们彼此间的竞争态势，绝不比商人们在商场上的竞争性缓和……

由我的儿子，我也很是体恤中国当代的所有上了中学的孩子们。他们小小年纪，也许是活得很累的一部分人了……

当爸的感觉

尽管我的儿子早已不是儿童，而是初二的学生了。尽管我已经纯粹为了自己得以从稿债中解脱，根本不睬他的抗议，拿他做过两次文章了。我常想我若有五个六个儿子就好了，便可轮番地写来，甚至可以在几个儿子之间采取小小的"重点政策"，使儿子们相互嫉妒，认为当父亲的写了谁，乃是谁的殊荣。那我不是就变被动为主动了吗？无奈我只有这么一个儿子。无奈他对我的容忍度，已然放宽到连自己都十分难为情的地步了……

儿子刚刚背着行李，参加军训去了，临走前见我铺开稿纸，煞有介事地思考，犹犹豫豫地写下题目，凑过来瞄了一眼，嘲讽地说："爸，你真是天才。从我这么一个平庸的儿子身上，你竟能发现那么多可写的素材！"

我说："儿子，向你保证，这是最后一次！"

儿子说："别保证。用不着保证。你发誓我都不会相信！说相声的常拿自己的'二大爷'逗哏儿，你跟相声演员们犯的是同一种职业病。我充分理解！"

我说："好儿子，谢谢。"

他说："不用谢。因为我也开始写你了，而且已经公开发表了一篇。"

我一惊，忙问："发在哪儿了？"

儿子说发在班级的墙报上了。

我这才稍稍心定，又严肃地问："都写了我些什么？为什么不先让我过过目？"

儿子说："你写我，也没先征得我的同意啊！咱俩彼此彼此。"

我一时很窘，无话可说……

半夜解题

儿子中考前的一天，刚吃过晚饭就写作业。他写到十点半，还有一道几何题没解出来。我几次主动"请缨"，说："儿子，你要不要我和你一块儿攻下这道难题啊？"我几次都遭到儿子颇不耐烦的拒绝。最后我不顾他的拒绝，粗暴参与。结果正如他所料，既干扰了他的思路，也浪费了他的时间，以己昏昏，使儿子昏昏。那时快十二点了。妻子说："你还让不让儿子睡觉了？他明天还得上一天课呀！不像你，可以在家里睡懒觉！"于是我强行收起他的作业卷，以不容争辩的命令的口吻，催促他洗漱了躺到床上去。儿子也真是困到了极点，头一挨枕便酣然入眠。而我却不再睡得着，用冷水冲了头，强打精神，继续替儿子钻研那道几何难题。半个小时后，我对陪在一旁织毛衣的妻子说："老爸出马，一个顶俩，我解出来了！"

我博得了妻对我羡佩的一笑。

第二天儿子刚起床，我便从自己枕下摸出作业卷，大言不惭地对儿子说："这么简单的题你都不开窍？这有何难的？站到床边儿来，听老爸给你讲讲。这两个直角三角形，有两个角相等，还都有一个角是直角。三角相等，故两个三角形全等。而三角形 A 又等于三角形 B，而三角形 B 又等于……"

儿子脸上便呈现出冷笑。

　　我生气了，说："儿子，你冷笑什么？你的态度怎么这样不谦虚？"

　　儿子说："两个锐角相等的直角三角形就全等啊！直角三角形哪儿有这么一条定理？"于是儿子画了图，我明白了，它们也有可能仅仅是相似……

　　我愣了半天，讷讷地说："难道……是我想象出了这么一条定理？"

　　儿子说："反正书上没有，老师也没教过这么一条全等直角三角形的定理。"

　　我羞惭难当，无地自容，躺在床上挥挥手，"大赦"了儿子……

　　我明白我再也辅导不了儿子数理化了。从那一天起，直至永远。当年我初三下乡，当年的初三数理化教材，比如今的初二教材只低不高。我太不自量，太无自知之明了……

　　自己承认了这一点，我内心里涌起一种难言的悲哀。以后，不管他写作业到多么晚，不管他看上去多么需要一个头脑聪明的人的指点和帮助，我是再也不往他跟前凑了……

给儿子写信

按照学校的要求，我得给儿子写一封信，而且此事不能让学生知道，更不能让学生看到信。在某次活动中，信将由老师分发给每一名学生，希望以这种方式，在他们普遍十四周岁以后，带给他们每个人一份意外的欣喜。

于是我生平第一次给我的儿子写信。

我竟不知在这一封信里该写些什么。我不愿在信中流露出我对他的体恤。因为几乎每一个城市里的初二的儿女都如他一样似箭在弦，他不应格外地得到体恤。我也不愿用信的方式鞭策他。因为他自己早已深知每次在分数竞争中失利，对自己都意味着一种严峻的考验。我不愿在信中写入对他所寄的希望。我不望子成龙，事实上只祈祝他能有幸受到高等教育，而仅仅这一点已使他过早地成熟了。他的日渐成熟正是我倍感欣慰的，同时又是倍感悲哀的。刚刚十四岁就开始思考人生和忧患自己未来的命运，这太令我这个当父亲的替他感到沮丧了。我自己的少年时代就是从忧患之中度过来的。我真不愿他和当年的我一样。

"爸爸，你怎么想了这么久还不写？"

儿子忽然在我背后发问。显然，他站在我背后多时了。我赶紧用一只手捂住稿纸上端，捂住"给儿子的信"一行字。

良久，我听到坐在沙发上的他说："爸，对不起，给你添麻烦了……"顿时，我眼眶有些潮了……

儿子"采访"我

　　儿子上个星期的一项作业是采访父母。妻子上个星期几乎每天加班，不加班便上夜校，只得由我来接受"采访"，否则儿子就完不成作业。于是我和儿子之间，有了如下一次较为特别的谈话：

　　"你是哪一年下乡的？"

　　"这还用问？"

　　"不问我怎么清楚？"

　　"一九六八年。"

　　"哪一年上大学的？"

　　"一九七四年。"

　　"哪一年毕业的？"

　　"一九七七年。"

　　"你经历过坎坷吗？"

　　"经历过。"

　　"说说。"

　　"这还用说？"

　　"你不说我怎么会知道。"

　　…………

　　我凝视着儿子，觉得他是那样的陌生。或者反过来说，他怎对我一无所知似的？他要了解他问的那一切，是多么的简单！书架上陈列的，几乎每一部书脊上印着我名字的书，都有我的简历。从我的许多篇小说中，都能看到他老爸的身世。而他从来没有触摸过我的任何一部书一下。那些书对他仿佛根本就不存在。他从来也不曾扫视过那一格书架一眼。他甚至远不及别人家的，比如朋友或邻人的初二的儿女们对我的大致经历有所了解。

有一次我无意中偷听到他和他的几名男同学背地里如此谈论我的书：

"你爸爸可真写了不少书。"

"你别翻他的书！"

"你自己喜欢看吗？"

"我为什么要喜欢看他写的书？"

"借我一本看行吗？"

"不行！"

听来他似乎生起气来了。

"你干吗这样牛气呀？他这些书迟早会过时的！"

"他这些书已经过时了！以后我也不看他的书。世界上那么多经典还看不过来呢！"

没想到，我以近二十年的精力和心血所获得的创作成果，在他眼里似乎皆是些没有什么意义的，仿佛一文不值的东西。

"你对你至今的人生满意吗？"儿子继续"采访"我。

我回答："谈不上满意不满意。我的人生已经这样了。我习惯了。"

"假如有一件最使你高兴的事，目前而言那可能是一件什么事？"

我几乎是恶狠狠地回答："你的学习成绩又前进了五名！"

　　儿子目不转睛地看了我一阵，淡淡地说："我的采访结束了，就到这儿吧！"

　　我意识到，我深深刺伤了儿子的自尊心。正如儿子也深深刺伤过我的自尊心一样。于是我联想到了王朔的小说《我是你爸爸》。进而又想，有一个多少具有点儿精神叛逆色彩的儿子也好。这样的一个儿子，时刻提醒我明白，我只不过是一个初二男生的父亲。除此之外，也许再什么都不是，更没有任何可得意的资本。儿子在家里教我夹起尾巴做人。

　　如果你的儿子已经初二了，如果你是一位父亲，我想你一定会同意我的看法，和你初二的儿子交朋友并非一件容易的事。有时他似乎将你当作朋友了，其实在他内心里，你仍然只不过是他的父亲。

　　当爸的感觉在现代是越来越变得粗糙而暧昧了啊！

王妈妈印象

写罢《茶村印象》，意犹未尽，我更想写友人的母亲王妈妈。

王妈妈今年七十七岁了。

我第一次见到她，是在她家门口。当时是傍晚，她蹲着，正欲背起一只大背篓到茶集去卖茶。

茶集不过是一处离那个茶村二里多远的坪场，三面用砖墙围了，朝马路的一面却完全开放，使集上的情形一目了然。茶集白天冷冷清清，难见人影；傍晚才开始，附近几个茶村的茶农都赶去卖茶，于是熙熙攘攘，热闹得很。通常一直热闹到八点钟以后，天光黑了，会有许多灯点起来，以便交易双方看清秤星和钱钞。那一条路说是马路，其实很窄，一辆大卡车就几乎会占据了路面的宽度；但那路面，却是水泥的，较为平坦。它是茶农们和茶商共同出资铺成的，为的是茶农们能来往于一条心情舒畅的路上。所幸很少有大卡车驶过那一条路。但在茶农们卖茶的那一段时间里，来往于路上的摩托、自行车或三轮车却不少。当然更多的是背着满满一大背篓茶叶的茶农们。他们都是些老人，不会或不敢骑车托物了，只有步行。一大背篓茶对于年轻人来说并不太重，二三十斤而已。但是对于老人和妇女，背着那样一只大背篓走上二三里地，怎么也算是一件挺辛苦的事了。他们弯着腰，低着头，一步步机械地往前走。遇到打招呼的人，偶尔抬起头，脸上的表情竟是欣慰的。茶村毕竟也是村，年轻人们一年到头去往城市里打工，茶村也都成了老人们、孩子们和少数留守家园的中年妇女们的村了。这一点和中国其他地方的农村没什么两样。见到一个二三十岁的男人或女人，会使人反而觉得挺稀奇的……

事实上，当时王妈妈已将背篓的两副背绳套在肩上了，她正要往起站，友人叫了她一声"妈"。

她一抬头，身子没稳住，坐在地上了。

我和友人赶紧上前扶她。自然，作为儿子的友人，随之从她背上取下了背篓。她看着眼前的儿子，笑了。微微眯起双眼，笑得特慈祥。

她说："我儿回来啦！"说罢，她将脸转向我，问："是同事？"

友人说："是朋友。"

她穿着一件男式圆领背心，已被洗得发白了，还破了几处洞；一条草绿色的裤子，裤腿长不少，挽了几折，露出半截小腿；而脚上，是一双扣绊布鞋，一只鞋的绊带就要断了，显然没法相扣了，掖在鞋帮里。那双鞋，是旧得不能再旧了，也挺脏，沾满泥巴（白天这地方下了一场雨），并且呢，两双鞋都露脚趾了……

我说："王妈妈好。"

我打量着这一位老母亲，倏忽间想起我自己的母亲来。我的老母亲已过世十载了，在家中生活最困难的时期，那也还是会比友人的这一位老母亲穿得好一些。何况采茶又不是什么脏活，我有点儿不解这一位老母亲何以穿得如此不伦不类又破旧……

然而友人已经叫起来了："妈，你这是胡乱穿的一身什么呀？我给你寄回来的那几套好衣服为什么不穿？我上次回来不是给你买了两双鞋吗？都哪儿去了？……"

友人的话语中，包含着巨大的委屈，还有难言的埋怨。显然，他怎么也没想到他的母亲会以那么一种样子让我看到，他窘得脸红极了。须知我这一位友人也是大学里的一位教授，而且是经常开着"宝马"出入大学的人。

他的母亲又笑了，仍笑得那么慈祥。

她说："都在我箱子里放着呢。"

"那你怎么不穿啊？"

当儿子的都快急起来了，跺了下脚。

"好好好，妈明儿就穿，还不快请你的朋友家里坐啊！……我先去卖茶，啊？……"

我对友人说："咱俩替老人家去卖吧！"

但是王妈妈这一位老母亲却怎么也不依。既不让我和她的儿子一块儿去替她卖那一大背篓茶叶，也不许她的儿子单独去替她卖。我和我的友人，只得帮老人家将背篓背上，眼睁睁地看着身材瘦小的老人家像一只负重的虾米一样，一步步缓慢地离开了家门前……

友人问我："你觉得有多少斤？"

我说："二十几斤吧。"

友人追问："二十几斤？"

我说："大约二十五六斤吧。"

他家门前，有一块半朽未朽的长木板，一端垫了一摞砖，一端垫了一块大石头，算是可供人在家门前歇息的长凳。

友人就在那木板上坐下去了。我知他心里难受，大约也是有几分觉得难堪的，就陪他坐下。

这时，友人的脸上淌下泪来了。

他说："上个月我刚把她接到我那儿去，可住了不到十天。她就闹着回来，惦记着那不到一亩的茶秧。她那么急着回来采茶，我不得不给她买机票，坐飞机能当天就回来啊！可从广州到成都，打折的飞机票也九百多元啊！还得我哥到成都机场去接她，再乘长途汽车到雅安，再从雅安坐出租车到村里，一往一返，光路费三千元打不住。她那几分地的茶秧，一年采下的茶才卖两千多元。她就不算算账！这不，回来了，又采上茶了，才活得有心劲儿了似的……"

我说："那你就给老人算一算这笔账嘛。"

他回答："当然算过，白算。我们算这一种账，在我母亲那儿根本就不走脑子。关于钱，一过千这么大的数，她就没意识了。她只对小数目的钱敏感，而且一笔笔算起来清清楚楚，从没糊涂过，谁想蒙她不容易，还对小数目的钱特亲。比如这个月茶价多少钱一斤，下个月多少钱一斤，那么这个月几天没采茶，等于少挣了多少钱……"说到此处，友人苦笑。

我说："那你以后就把花在路费方面的钱寄回呗。"

友人说，那寄回来的钱对于他的老母亲就只等于是一个数字，她会直接把钱存在银行里，连过手都不过手。友人说自己当教授了，住上宽敞的房子了，有了私家车了，不将老母亲接到城市里享享福，内心不安。友人说他老母亲第一次到深圳的日子里，他曾驾车带着他老母亲到海滨路上去度周末，也像别人一样将塑料布铺于绿地，摆开吃的喝的，和老母亲共同观海景，聊天。可老母亲却奇怪于城里人为什么偏偏将那么一大片地植树了，种草了，而不栽上茶秧？又觉得城里人太古怪，难以理解，待在家里多舒服，干吗都一家家一对对跑到海边傻坐着？海边再凉快，还能比有空调的家里凉快吗？说那一次老母亲在他那儿住的日子还长久些，因为在大都市里发现了生财之道，一个空塑料瓶两分钱，一个易拉罐三分钱，纸板三角钱一斤，她觉得比采茶来钱容易多了。友人说那是老母亲唯一愿意向城市人学习的地方，也是对大都市的唯一好感。还因为捡那些东西，和"同行"发生了口角。而他，只得向老母亲耐心解释，捡那些东西的人，是划分了街区领地的。在别人的街区领地捡那些东西，就是侵犯了别人的利益。别人对你提出抗议，抗议得有理。你跟别人吵，吵得没理。老母亲却振振有词地反问，他有政府发的证书吗？如果没有，凭什么说那些街区是他的"领地"呢？依她想来，既然拿不出类似政府发给农民的土地证一样的证书，凭什么只许自己捡，不许别人捡呢？而他就只得更加耐心地向老母亲解释，尽管对方并无证书，但那是"潜规则"。"潜规则"相互也是要遵守的。解释来解释去，最后也没能使老母亲明白究竟什么是"潜规则"。为什么"潜规则"对人也具有约束性……

老母亲离开的前一天，他家阳台上已堆满了空塑料瓶等废弃物。他想通知收废品的人上门来收走，可老母亲不许，因为人家上门来收，一个塑料瓶子就变成一分钱了，废纸也变成两角一斤了。在老母亲那儿，账算得"倍儿"清：一个塑料瓶等于卖亏了百分之五十，一斤废纸板等于卖亏了百分之三十，合计卖亏了百分之八十！

他说："妈，账你也不能这么算，并不是你原本该卖得十元，结果亏掉了八元，就剩两元了。"

老母亲说："你别跟我拌嘴！百分之五十加百分之三十，怎么就不是亏了百分之八十呢？你当儿子的，不能拿我的辛苦不当辛苦，我捡了那么一阳台，我容易吗？"

老母亲于是伤心起来。我的朋友这个当儿子的，只得赶紧认错。接下来乖乖地将阳台上的废品弄出家门，塞入他那辆刚买的"广本"，再带上老母亲，分两次卖到废品收购站去。老母亲点数总计二十来元钱，顿觉是一笔大收入，这才眉开眼笑……

友人问我："如果请收废品的上门来收走，是等于卖亏了百分之八十吗？"

我说："当然不是。百分之百减去百分之三十剩百分之七十，加上塑料瓶的百分之五十，是百分之一百二十……"

友人奇怪了："少卖钱是肯定的，怎么也不会成了百分之一百二十吧？"

我愣了，自知我的算法也成问题，陪着苦笑起来……

友人的老母亲卖茶叶回来了，一脸不快。当儿子的问她卖了多少钱？

她说："儿子，你还不知道吗？这个季节大叶子茶更不值钱了，才卖了九元三角钱。辛苦了一白天，到手的钱居然还不够一个整数。"她于是快快不乐。

吃晚饭时，老人家在自家的太阳能洗浴房里冲过了澡，翻箱倒柜，换上了一身体面的衣服。我的友人、他的哥哥嫂嫂子都说，老人家纯粹是为我这一位远道而来的客人才那样的。

老人家说，是啊是啊，多次听晓鸣（我的友人的名字）跟她谈到过我，早知我们情同手足，说好朋友要长久。她相信我和她儿子会是天长地久的朋友，替我们高兴。老人家不断为我夹菜，口口声声叫我"声仔"。

友人对我耳语："我母亲叫你'声仔'，那就等于是拿你当儿子一样看待了。"

我也耳语，问："要不要将我装在红信封里的五百元钱立刻就从兜里掏出来，作为见面礼奉上？"友人却摇头。

第二天，友人陪我到镇上去，将五张百元钞换成了一百余张小面额的钱，扎成厚厚两捆，在他老母亲高兴之时，暗示我抓住机遇。

我就双手相递，并说："王妈妈，我希望您能认下我这个干儿子。这些钱呢，我也不知是多少，算是我这个干儿子的一份心意，您一定要收下。"

老人家顿时笑得合不拢嘴，连说："好啊好啊，我认我认，我收我收！……"她接过钱去，又说："看我声儿，孝敬了我这么多钱！真多真多……"

友人心理不平衡地嘟哝："那就多了？才……有好几次我一千两千地给你寄，你也没夸过我一句！"

老人家批评道："你动不动就挑我的理，看我这么也不对那么也不顺眼，他怎么就不说？"

我趁机讨好："干妈，以后他再对您那样，我这儿就先不依！"

晚上，我和友人照例同床。那是他父亲生前睡的床，如今是他母亲的床，也是家中最宽大的床，却哪儿哪儿都松动了，我俩不管谁一翻身，那床都发出嘎吱嘎吱的响声。老人家为了我们两个小辈儿睡得好，把那床让给了我俩，她自己睡在客厅里的旧沙发上。

友人向我讲起了他父亲，以及他父亲和他母亲的关系。他的父亲曾是乡长，极体恤农民的一位乡长，故也备受农民的敬重，不幸罹患癌症，四十几岁就去世了。他父亲生前，和他母亲的关系一向不好，几乎谈不上有什么夫妻感情可言。父亲去世以后，母亲一个人拉扯着四个儿女，日子变得朝不保夕。他的妹妹，由于小病没钱治，拖成了大病。水灵灵的一个少女，临死想换一身新衣服美一下，都没美成……

友人嘱咐我，千万不要提他的妹妹，那是他母亲心口永远的疼；也千万不要提他的父亲，那似乎是他母亲永远的怨……

他说："我听过不少父亲们为儿女卖血的事，在我们家里，为供我们几个儿女读书，卖血的却是我母亲，而且像许三观一样，在一个月里卖过两次血。上苍让我母亲活到今天，实在是对她本人和对我们儿女的眷顾……"

茶村的夜晚，万籁俱寂。友人的话语，流露着淡淡的忧悒、绵长的思念，令我的心情也忧悒起来了，并且，令我也思念起了我那没过上几天好日子的老父亲和老母亲……

第二天，王妈妈打发晓鸣到另一个茶村去看望他二姐，却要我留了下来。她不采茶了，让我陪她在村里办点事。

我陪她去了几户茶农的家里，显然是茶村生活仍很贫穷的人家。她竟是一家一户去送钱，有的送一百，有的送五十。

"看你，又送钱来，别总操心我们的日子了，我们还过得下去……"

每户人家的人都说类似的话。家家户户的人的话中，却都有"又送钱来"四个字。

那"又送钱来"四个字，令我沉思不已。

她老人家却说："晓鸣的爸又给我托梦了，是他牵挂着你们，嘱咐我一定来看看。"

或者她老人家指着我说："看，我认了个干儿子，和我晓鸣一样，也是教授，都是正的。他们都是每个月开五六千的人，以后我是不缺钱花的一个妈了。周济周济你们，还不应该的？……"

我陪着在茶村认的这一位干妈，去给她的女儿、她的丈夫扫了坟。两坟相近，扫罢以后，她跪了很久。

她面对这座坟说："他爸，儿女们以为我还怨你，其实我早就不怨你了。我还替你做了些事情，那是你生前常做的事情。其实我一直记着你说过的一句话：为人处世，心里边还是多一点儿善良好。

你要是也不嫌弃我了，那就给我托梦，在梦里明说。要是不好意思跟我明说，给儿女们托梦说说也行。那么，我死后，就情愿埋在你旁边……"

她又对那一座坟说："幺女啊，妈又来看你了。妈这个月采了两百多元的茶。现在女孩儿家也该穿裙子了，过几天，妈亲自到乐山去给你买一件漂亮的裙子。听你二姐的女儿说，乐山有一家服装店专卖女孩子穿的衣服，样式全都是时兴的……"

对第一座坟说话时，她的语调很平静；对第二座坟说话时，她忽然泣不成声……

在回家的路上，干妈对我说："声儿，记着，以后找机会告诉晓鸣，他说得不对。一个塑料瓶子不是两分钱，是一角二分钱。硬铁皮的才两分钱，易拉罐八分钱，顶数塑料瓶子值钱。一斤纸板也不是一角几分钱，是三角钱……"

我诺诺连声而已。不知为什么，那一天这一位友人的老母亲，竟令我心生出几许肃然来……

后来我和我的干妈又聊过几次。

她问我："如果一个老人得了癌症，最长能活多久，最短又能活多久？"

我以我所知道的常识回答了以后，她沉默良久，又问："活得越久，岂不是越费钱？"

我一时不知该如何回答，尤其是对这样一位七十七岁了还辛劳不止采茶攒钱的老母亲。

她语调平静地又说："晓鸣他爸生了癌症，才半个多月就走了。晓鸣寄给我的钱和我自己挣的，加起来快一万元了。现在治病很费钱，不知道一万元够治什么样的病？……"

我更加不知如何回答才好，只有摇头。

于是她自问自答："我死，也许不会因为病。就是因为病，估计也不会病得太久。我加紧再挣点儿钱，攒够一万，估计怎么也够看病的了。我可不愿拖累儿女们，儿女们各有各的家，也都不容易……"

我装出并没注意听的样子。

不料她突然问："你们城里的老人，如果还挺能吃，就表明还挺能活，是吧？"

我回答："是。"

她说："我们农村的老人，如果还挺能干，才表明挺能活。你看干妈，是不是还挺能干的？"

我又回答："是。"

…………

当我离开茶村时，我和我的干妈，相互都有些依依不舍了。我又明白了我自己一些，都五十七八的人了，居然还认起干妈来，实在不是习惯于虚与委蛇，而是由于在心理上，仍摆脱不了那一种一心想做一个好儿子的愿望。

因为我从来就不曾好好地做过儿子。那是需要些愿望以外的前提的。对于我，前提以前没有；现在，前提倒是有了，父母却没了。我也更明白了，为什么我的某些同代人，一提起自己过世了的父母就悲泪涟涟。

我是那么羡慕我的好友晓鸣教授。他的老母亲认下了我这一个干儿子，我觉得格外幸运。而我尤其幸运的是，我的远在一个小小茶村里的干妈，她是一位要强又善良的老人家。至于她爱捡废品的"缺点"，那是我能理解的，也是我觉得有趣的……

有的诗人像……

有的诗人像歌者，因而被称为"行吟诗人"，想来，接近歌者的边走边唱。而有的诗人像鼓手，因而他们的诗被称为"鼓点诗"。抗日战争时期，田间就写过些"鼓点诗"。闻一多向学生讲过田间的"鼓点诗"，他大加赞赏的也正是田间那些诗句鼓点般令人心紧张而又激动的节律。闻一多有一首诗，在我看来也具有"鼓点诗"的特征，便是那首与他的《红烛》一样著名的《发现》：

我来了，我喊一声，迸着血泪，
"这不是我的中华，不对，不对！"
…………
我追问青天，逼迫八面的风，
我问，（拳头擂着大地的赤胸）
总问不出消息；我哭着叫你，
呕出一颗心来——在我心里！

看这样的诗，读这样的诗，或听这样的诗，眼前仿佛有忘我状态的鼓手，在擂其声厚重的大鼓，咚！咚！咚！一句一声鼓，于是人心仿佛也被鼓手一下一下重重地擂击着了……

我读聿温一本诗集中的诗，联想到了"行吟诗人"，也联想到了像鼓手的诗人。此刻，窗外正响着鸟巢放礼花的声音，宣告着残奥会的结束。从"五·一二"汶川大地震到今天，一百多天里，中国经历了两件举世瞩目的大事件：一悲一喜……

在北京成功举办了第二十九届奥运会和第十三届残奥会后，读聿温那一行行滚烫的诗，我还是多次泪盈满眶。

聿温可以说是在第一时间奔赴灾区现场的人，而且他又是军人，还是空军的一位资深新闻工作者。此三点集于一身，使他对于大灾难的感受，对于灾民的同情、悲悯，对于桩桩件件可歌可泣之事与奋不顾身之人的感动，与大多数我这样的仅仅坐在电视机前时刻关注的人的感受与感动、同情与悲悯，程度显然是不同的。

在我看来，他的这些诗，分明也是"拳头擂着大地的赤胸"，眼中"迸着血泪"，从心灵里喷射出来的。我一边读，一边想，只有诗人，才会在那样一种现场，写出这样的一行行诗句来啊！我结识聿温是不久前的事，对于他的写作生涯并不特别了解，以为正是从写诗开始的。一口气读《后记》，劈面第一句话却是"我不是诗人"，这令我一怔。接着读下去，释然，慨然，肃然……

一个原本不是诗人的人，在极可怕的时空，在极悲壮的情境中，竟不断地和着泪水写、写、写。有时一天写两三首，于是写下了二三十首饱含真情实感的诗，这不正是诗和人、诗和人类的古老关系的真谛之一吗？

难怪聿温要说"眼泪在，诗就在"了！对于诗，这句话显然是片面的。正如"诗言志"也只能说是诗的一种品质。但是对于聿温和他的这一些诗，"眼泪在，诗就在"却无疑是最全面的诠释。

我觉得，第一首诗《瞬间》，便具有所谓"鼓点诗"的特征。

从第一行到第十几行，每行字数齐整，像单槌缓缓击鼓；十几行后，齐整突变，又如同众鼓手齐击，鼓点密集而加快，紧迫感油然而生……

《兄弟，快点》一首，又如同黑人鼓手，在身心投入地拍击着他们特有的那一种鼓。其鼓声，听来每有动员令的意味。"兄弟，快点，再快点！"接着那一连串"快点"，催人奋不顾身，迫人舍生忘死……

《因为我活着》《孩子，不哭》《妈妈，我想你》《"敬礼娃娃"赞》等诗，又极有"行吟诗"的特征，如同莎士比亚戏剧中身份是诗人的"串幕人"所吟之诗。他们在西方古典诗剧中，不仅仅是诗人、"串幕人"，还同时是历史大事件的参与者、观察者、见证人。

我给《因为我活着》和《妈妈，我想你》两首以极高的评价，前者朴素而又真挚的人文思想令我起敬；后者的抒情角度传达出一种大悲剧中的大温暖，其副标题是"献给在四川大地震中失去孩子的母亲们"，但诗中却以已亡孩子们的话语说：

来不及告别

让你牵挂了

妈妈

对不起

没能救你

让你受伤了

妈妈

对不起

没能陪你

让你孤独了

妈妈

对不起

…………

读之愀然。

总而言之，聿温的这些诗，皆激情诗；激情之浓，无须赘言。而其激情，我认为必源自内心情怀。倘言这些诗还有瑕疵，那么便是"韵"的欠缺了。说到底"无韵不成诗"，"韵"正是诗之所以为诗的理由。这些诗自然都是有韵的，但韵味不足。在同一首不太长的诗中，变韵是容易破坏韵美的……

是为己见，仅供参考。

翻译语言之断想

世界各国都有翻译工作者，我的多篇作品就被外国翻译家翻译过。但是，像中国这样既将外国的作品译成本国文字，又将本国作品译成外文的似乎并不普遍。而外文出版社肩负的正是这双重使命。细想之，不由人不倍感敬佩。我认为外文出版社乃是中国作家瞩望世界文学之林的敞阔的窗口，是中国文学通往世界文学之门户。于是我想起了杜诗的名句"窗含西岭千秋雪，门泊东吴万里船"，若改为"窗含西文千秋史，门泊汉卷万里船"，似可为拙联，比拟外文出版社。

中国作家（包括我自己）都自觉不自觉地、程度不同地受过外国翻译作品的影响，这在中国当今的文学界似乎成为一个引人注目的现象呢！如："语言太欧化了！"曾经听过和读到过评论家们对某位作家或某篇作品如是评论。谆谆的告诫，善意的提醒，含蓄的批评，不言而喻。当然，"语言"，是指文学语言；而"欧化"，其实指的是文字表达上的"译文文体化"。因为并不是所有中国作家都具有阅读外国文学原著的能力。那么，无论刻意模仿也罢，孜孜追求也罢，潜移默化的影响也罢，都是受翻译家们译成的中文"熏陶"的结果。倘认为受此"熏陶"乃大忌，则似乎便有理由认为翻译家们是"教唆犯"了！

　　我本人就多次受过这种告诫、提醒和批评。我也曾躬身自省，检讨自己是否属于邯郸学步者流，并为此苦恼了一个时期。

　　不过近年情况分明起了变化，评论家们对此一点的评论趋于客观了。告诫的、提醒的、批评的意味儿少了，认同的意味儿，甚至勉励的意味儿仿佛多了：

　　"海明威式的冷峻……"

　　"艾特玛托夫式的忧郁……"

　　"马尔隆斯式的不动声色的力度……"

　　"伏尔泰式的咏叹……"

　　"川端康成式的清丽精美……"

　　看得出，往日的贬义已被赏识的热情所取代，作家们也不再认为这是自己创作中的一大忌了。他们从中获得了某种自信和创作实践被理解的愉悦。但我要试问：这些作家包括发表上述议论的评论家读过海明威的原著吗？读过艾特玛托夫的原著吗？读过伏尔泰的原著吗？读过川端康成的原著吗？我看未必都读过的。读过的倒是翻译家们，是那些从事英文、法文、俄文、日文、印地文、西班牙文、葡萄牙文的文学翻译工作的翻译家们。

　　正是他们，不但向中国作家推荐了许多优秀的外国文学作品，同时简直可以说是负责到底地也向中国作家介绍了许多优秀的外国作家与诗人。设想，倘没有翻译家，中国作家和中国文学是不是就太可悲可叹亦复可怜了点儿呢？

　　于是我想，我们中国的翻译家，不但是中国作家的益友，而且亦无愧是良师。从作家们的自信之中，翻译家们是否也会体验到某种欢喜呢？从作家们的愉悦之中，翻译家们是否也分享到一部分呢？

　　如果我们的翻译家以前谦虚地没有意识到这一点，那么我想说：

"你们是有根据体验到某种欢喜的，你们是有理由分享作家们的一部分愉悦的。"

有人说文学语言之美不可译；有人说翻译语言是人类语言的"亚种"，翻译文学是人类文学的"亚文学"，似乎任何一国的文学，一经翻译，只有损失毫无补益。我决不能苟同这一观点。执这种观点的人，倘是作家，若非夜郎自大，也起码是一种偏执和对翻译工作的轻视。

作为中国作家，我很热爱我们祖先所创造的文字。中国文字不但是世界最早的文字之一种，而且肯定是词汇最丰富的。诸如"胸有成竹""杯弓蛇影""一鼓作气""鱼雁之交""琴瑟之好""巫山云雨"等，译成任何别国语言或文字，无论直译或意译，显然都是难以至善至美的。唐诗宋词元曲，古代散文，文言小说，其"中译外"亦必句句维艰，字字推敲。但是，任何一个国家的语言和文字，无论多么丰富，不向别国语言和文字的长处学习，如被堤困的江河湖海，再浩瀚也将止为死水。

记得我上小学时，刚刚学过"胸有成竹""杯弓蛇影""一鼓作气"，并用以造出一个好句子时，曾是多么洋洋自得过啊！而当这些成语被自己用过千百遍后，于创作之际再用时，竟觉得已毫无生气。苍白呆板，避之唯恐不及了。用语言文字形容女性之美，用到诸如"出水芙蓉""秀色可餐""闭月羞花""沉鱼落雁""天姿国色"等等，落笔时是相当谨慎的。倘用得不妙，陈词滥调而已！任何一个民族或国家都没有如此这般形容女性之美的语言和文字。但"安娜·卡列尼娜""卡门""娜娜"，作为世界文学长廊中的人物，对于我们来说，竟仿佛那么的熟悉！

所谓"翻译文体"，当然是指有水平而又严肃认真的翻译家们之精神劳动，乃是一种人类文学语言的再创造，必自成美学品格。它既有别于原著的母语文字，也不同于译者所运用的客体文字。它必是二者的结合。它在语音的抑扬顿挫、句式的节奏、通篇整体的气韵等等方面，必是十分讲究的。它必不至于忽视母语文字风格的优长，也须着意于发挥客体文字表述的特点。一部上乘的翻译作品，如同两类美果成功杂交后的果子。若精通于此，当然便是创造！

事实上，中国文学，中国作家，通过翻译家们的译著受益匪浅，岂止仅仅在于文字！

一句话，十之七八的当代中国作家，所以能从世界宝库中博采精华，吸取营养，实实在在地说，全靠了中国一大批兢兢业业、炉火纯青的翻译家。实实在在地说，乃是从他们的精神劳动之中博采世界文字之精华，吸取世界文学之营养。同时，向他们学习第三类文学语言，亦即上述被称之为"译文文体"的国语的文学语言。

事实上，我们的文学语言，尤其是描写当代大都市生活的作品的文学语言，总体上正在悄悄地向第三类文学语言靠拢。并且我预言，总有一天，第三类文学语言将成为中国文学的真正的"文学语言"。这不会使中国文学不复是"中国"文学，也不会使中国作家都成了"假洋鬼子"。

归根结底，这第三类语言，将是中国文学语言现代化、世界化的标志。于作家，理所当然地，天经地义地，责无旁贷地，应比翻译家们提示给我们的，运用得更现代化，更世界化，更美好，也更在本质上是中国的文学语言……

毕竟，许许多多风格各异、气韵纷呈的第三类语言的"蓝本"，是在我们民族的文学语言的基础之上"加工提炼"的，是翻译家们首先奉献给我们的……

不愿说当年

文学报的编辑催促我为他主持的专栏写稿，电话之后是信函，其意也诚，其言也切。这就使我又一次陷于没法儿请求恕免的境地了，区区千五百字，说什么都无疑是借口。

专栏限定了写第一次获奖感受。此前《小说月报》也来函约稿，要求也只不过区区于五百字，内容是谈获《小说月报》奖的感受。全国奖也罢，《小说月报》奖也罢，在我，那当年的感受是差不多的。因为乃是由同一篇小说在一九八三年年初同时获全国奖和《小说月报》之"百花奖"。那小说自然是《这是一片神奇的土地》。其后，这儿那儿，半情愿不情愿地，便发表了些谈体会谈感受的文字。有的还收在了集子里，集子还是在近年内出版的。又谈，自己就先行地讨厌自己了。

这区区千五百字使我为难了整整三天！

今天我刚从大连和沈阳签名售书回来。写好了地址贴上了邮票的信封，从大连带到沈阳，从沈阳带回北京。同行的张抗抗和胡健两位女士大诧，说："梁晓声你真的惜时如金到这种地步，还是作秀给我们看呢？"我只有苦笑。

不仅不愿说当年，其实也不愿说现在。

六月十八日，我从福州领回了三份获奖证书和三个奖杯，还有四千元奖金。一位老评委半开玩笑半认真地问我有何感受。我诚实地回答自己还是特别看重《中篇小说选刊》奖的。

进了家门，我将捧着的三个奖杯往桌上一放，喜滋滋地说："我回来了！"并将以前的一个奖杯从书架上取下，总共四个摆在一起。

七十八岁的老母亲从沙发上欠起身问："发了奖杯，就不发奖金了吧？"我说："奖金也有啊，四千呢！"

老母亲缓缓又躺下在沙发上了，自言自语："奖杯没顶了奖金就好。"

初二的儿子捧着《新华词典》走过来问我，某个词的解释为什么词典上和他学的课文中不一样？

我说："没看见啊？"

儿子说："什么？"

我说："奖杯呀！"

儿子说："看见了。"

我有点儿悻悻地说："看见了也不表示表示？"

儿子愣了愣，脱口而出的一句话是："爸，你俗不俗啊！"

他始终没正眼瞧我那一溜儿四个奖杯，也不问我某个字的解释了，一转身离去……

妻子正巧回来，见桌上的一道"风景"，说："你打算拍卖吗？"

我说："什么话！刚捧回家来，多少钱也不卖！"

妻子笑了，说："好像你缺钱花的时候真能卖出个大价钱似的！"

我便无话可说。

而"阿姨"小芳此时走来细看了一会儿之后问："叔，木头的吧？"

我说："小芳，记住，这叫脱胎漆器！"

她就伸手摸，结果碰掉了一个杯尖儿。

我说："你看你！"

妻子说："小芳，别碰他那玩意儿。你瞧他那样儿，不知自己在哪儿碰坏的呢！"

的确是我自己在飞机上碰坏的。

小芳又怯怯地问："叔，往哪儿摆？"

我说："当然都摆书架上！"

"天天都得擦吗？"

问得我也愣了愣。我一赌气将四个奖杯捧到阳台上，摆在杂物柜上……

在我自己的家里并无人为我的获奖喝彩，这就是我为什么在外人前总显得格外谦虚的缘故。

我是一个非常冷静地写小说的人，从一九八五年就开始非常冷静了。如果有人指责我也曾张狂过，那肯定是胡说八道。因为早在一九八五年，从《世界之窗》上，我读到过一篇法国当代的一百项社会调查，第七十九项使我知道，在法国这一个具有过世界意义的文学辉煌的国家，仅有百分之五的父母同意自己的女儿嫁给作家，括号内五个阐明前提的字是"畅销书作家"……

那一期《世界之窗》我仍保留着，只不过再也没翻过。从那时起我就冷静地知道，小说在中国必会和在法国一样，这不值得大惊小怪。就目前而言，其实比在法国的境况要好得多！

我曾对几乎我的每一位同行讲到过法国那"第七十九项"调查，但是以后十几年来我仍孜孜不倦地写着，我的大多数同行们也是。

最近在北京某几所中学里的调查表明：百分之九十以上的中学生和高中生的最大人生志愿是想当企业家，想当作家的不足百分之一，而且多数是女生。我的儿子倒并不想当企业家，但是也坚决地不想当作家。不知为什么他想当一名烹饪大师，对此我简直不知该如何表态，因为我更爱吃粗茶淡饭。

一天夜里我失眠，自己也不知是受一种什么心理的促使就走到了阳台上。望着那一溜儿四个奖杯，我觉得我的目光肯定是既含情脉脉又愧疚种种，如同望着一个既难终成眷属又难移情别爱的女子。这时我就想起了"马五哥和尕豆妹"的故事。

在中国，除了特例，文学的奖金一向是较低的。文学的获奖证书一向是较普通的一种。文学一向是没有奖杯的，有也常是景泰蓝瓶子。《中篇小说选刊》的奖杯，在当年不啻是一个"创举"。我的写作，并不一向为获奖。

但我实话实说，每一份获奖证书，每一次获奖，对我都是一种鞭策，一种勉励，还是一种欣慰，真的。尽管我的获奖证书都收在壁橱里，奖杯摆在阳台上。我承认我是一个需要勉励和鞭策的人，我承认我是一个希望体会到欣慰是怎么一回事儿的人。

我对自己也很清醒。由于接触的社会面斑杂广泛，时有引发创作冲动的人和事撞入思维，故我比较勤奋。由于爱好甚少，天性不喜玩乐，亦不喜交结，故我写的比较多些。由于写得比较多些，由于持之以恒，故拥有了较固定的读者群。由于活得并不潇洒，也就不敢"玩文学"，也就被归为较严肃的作家一类。如此而已，仅此而已。就整体创作水准而言，我觉得自己从未达到过最佳阶段，从未进入过最佳状态。正如我认为新中国成立以来的文学，从未达到过最佳阶段，从未进入过最佳状态。这也许正是我和我的许多同行孜孜不倦的原因吧。

仅今年一月至六月，我便撕毁了三部长篇的最初几章，约十余万字。类似的构思往往成了同行们听听罢了的"口头文学"。

我所想写的往往是最好不写的。

我所写的往往是许多同行都在写的。

我常郑重地标榜我坚持现实主义，可连我也不得不开始将现实主义荒诞化、魔幻化。"逼上梁山"常使我倍觉内心不是滋味儿……

忽然，我发现老母亲、妻子、儿子、小芳都在向我探头探脑。由于我开亮了灯，在阳台上发呆，他们对我半夜三更的古怪行径困惑而不安了……

妻子柔声问："想找胶水粘那奖杯，是吗？"

于是儿子告诉我胶水在哪儿。

于是小芳告诉我安眠药在哪儿。

而老母亲说："睡吧，不兴这样，搞的全家人心惶惶的……"

我知道，妻子、儿子、老母亲，包括小芳，内心里其实都是那么的体恤我，都希望我别再写了……

而写成了我的最严重的"毛病"，成了我永远也改不了的"毛病"了！我一直也戒不了写……

第一支钢笔

它是黑色的，笔身粗大，外观笨拙，全裸的笔尖、旋拧的笔帽。胶皮笔囊内没有夹管，吸墨水时，捏一下，缓慢鼓起。墨水吸得太足，写字常常"呕吐"，弄脏纸和手。我使用它，已经二十多年了。笔尖劈过，断过，被我磨齐了，也磨短了。笔道很粗，写一个笔画多的字，大稿纸的两个格子也容不下。已不能再用它写作，只能写便笺或信封。

它是我使用的第一支钢笔，母亲给我买的。那一年，我升入小学五年级。学校规定，每星期有两堂钢笔字课。某些作业，要求学生必须用钢笔完成。全班每一个同学，都有了一支崭新的钢笔。有的同学甚至有两支。我却没有钢笔可用，连支旧的也没有。我只有蘸水钢笔，每次完成钢笔作业，右手总被墨水染蓝。染蓝了的手又将作业本弄脏。我常因此而感到委屈，做梦都想得到一支崭新的钢笔。

一天，我终于哭闹起来，折断了那支蘸水笔，逼着母亲非立刻给买一支吸水笔不可。

母亲对我说："孩子，妈妈不是答应过你，等你爸爸寄回钱来，一定给你买支吸水笔吗？"

我不停地哭闹，喊叫："不，不，我今天就要。你去给我借钱买。"

母亲叹了口气，为难地说："你这孩子，真不懂事。这月买粮的钱，是向邻居借的；交房费的钱，也是向领导借的；给你妹妹看病，还是向领导借的钱。为了今天给你买一支吸水笔，你就非逼着妈妈再去向邻居借钱吗？叫妈妈怎么张得开口啊？"

我却不管母亲好不好意思再向邻居张口借钱，哭闹得更凶。母亲心烦了，教训了我一番。我赌气哭着跑出了家门……

那天下雨，我在雨中游荡了大半日不回家，衣服淋湿了，头脑也淋得平静了，心中不免后悔自责起来。是啊，家里生活困难，仅靠在外地工作的父亲每月寄回几十元钱过日子，母亲不得不经常向邻居开口借钱。母亲是个很顾脸面的人，每次向邻居家借钱，都需鼓起一番勇气。

我怎么能为了买一支吸水笔，就那样为难母亲呢？我觉得自己真是太对不起母亲了。

于是我产生了一个念头，要靠自己挣钱买一支钢笔。这个念头一产生，我就冒雨朝火车站走去。火车站附近有座坡度很陡的桥，一些大孩子常等在坡下，帮拉货的手推车夫们推上坡，可讨得五分钱或一角钱。

我走到那座大桥下，等待许久，不见有推车来。雨越下越大，我只好站到一棵树下躲雨。雨点劈劈啪啪地抽打着肥大的杨树叶，冲刷着马路。马路上不见一个行人的影子，只有公共汽车偶尔驶来驶去。几根电线杆子远处，就迷迷蒙蒙地看不清楚什么了。

我正感到沮丧，想离开，雨又太大，等下去，肚子又饿，忽然发现了一辆手推车，装载着几层高高的木箱子，遮盖着雨布。拉车人在大雨中缓慢地、一步步地朝这里拉来。看得出，那人拉得非常吃力，腰弯得很低，上身几乎俯得与地面平行了，两条裤腿都挽到膝盖以上，双臂拼力压住车把，每迈一步，似乎都使出了浑身的劲儿。那人没穿雨衣，头上戴顶草帽。由于他上身俯得太低，无法看见他的脸，也不知他是个老头儿，还是个小伙儿。

他刚将车拉到大桥坡下，我便从树下一跃而出，大声问："要帮一把吗？"

他应了一声。我没听清他应的是什么，明白是正需要我"帮一把"的意思，就赶快绕到车后，一点儿也不隐藏力气地推起来。车上不知拉的何物，非常沉重。还未推到半坡，我便一点儿力气也没有了，双腿发软，气喘吁吁。那时我才知道，对于有些人来说，钱并非容易挣到的。即使一角钱，也是并非容易挣到的。我还空着肚子呢。又推了几步，实在推不动了，产生了"偷劲"的念头。反正拉车人是看不见我的。我刚刚松懈了一点力气，就觉得车轮顺坡倒转。不行，不容我"偷劲"。那拉车人，也肯定是凭着最后一点儿力气在坚持，在顽强地向坡上拉。我不忍心"偷劲"了。我咬紧牙关，憋足一股力气，发出一个孩子用力时的哼唷声，一步接一步，机械地向前迈动步子。

车轮忽然转动得迅速起来。我这才知道，已经将车推上了坡，开始下坡了。手推车飞快朝坡下冲，那拉车人身子太轻，压不住车把，反被车把将身子悬起来，腿离了地面，控制不住车的方向。幸亏车的方向并未偏往马路中间，始终贴着人行道边，一直滑到坡底才缓缓停下。

我一直跟在车后跑，车停了，我也站住了。那拉车人刚转过身，我便向他伸出一只手，大声说："给钱。"那拉车人呆呆地望着我，一动不动，也不掏钱，也不说话。我仰起脸看他，不由得愣住了。"他"……原来是母亲。雨水，混合着汗水，从母亲憔悴的脸上直往下淌。母亲的衣服完全淋透了，像从水里捞出来的一样，湿漉漉地贴在身上，显出了她那瘦削的两肩的轮廓。她胸口剧烈地起伏着，脸色苍白，大口大口地喘着气。

　　我望着母亲，母亲望着我，我们母子完全怔住了。就在那一天，我得到了那支钢笔，梦寐以求的钢笔。母亲将它放在我手中时，满怀期望地说："孩子，你要用功读书啊。你要是不用功读书，就太对不起妈妈了……"在我的学生时代，我一刻都没有忘记过母亲满怀期望对我说的这番话。

　　如今，二十多年过去了，我已经是个成年人了，母亲变成老太婆了。那支笔，也可以说早已完成它的历史使命了。但我，却要永远保存它，永远珍视它，永远不抛弃它。

人生的意义在于承担

我曾多次被问到"人生有什么意义？"往往，"人生"之后还要加上"究竟"二字。

我想，"人生有什么意义"这一个问题，从本质上说，是从"现在时"出发对"将来时"的一种叩问，是对自身命运的一种叩问。世界上只有人才关心自身的命运问题。"命运"一词，意味着将来怎样。它决不是一个仅仅反映"现在时"的词。

"人生有什么意义"这一个问题与人的思想活动有关，古今中外，解答可谓千般百种，形形色色。我也回答过这一问题，可每次的回答都不尽相同，每次的回答自己都不满意。

一般而言，儿童和少年不太会问"人生有什么意义"的话，他们倒是很相信人生总归是有些意义的，专等他们长大了去体会。老年人也不太会问"人生有什么意义"的话，问谁呢？中年人常问"人生有什么意义"。相互问一句，或自说自话一句。一切都似乎不言自明，于是相互获得某种心理的支持和安慰。因为他们是有压力的，压力常常使他们对人生的意义保持格外的清醒。人生的意义在他们那儿的解释是——责任。

是的，责任即意义。责任几乎成了大多数寻常百姓的中年人之人生的最大意义。对上一辈的责任，对儿女的责任，对家庭的责任，对单位对职业的责任。人只有到了中年时，才恍然大悟，原来从小盼着快快长大好好地追求和体会一番的人生的意义，除了种种的责任和义务，留给自己的，即纯粹属于自己的另外的人生的意义，实在是并不太多了。他们老了以后，甚至会继续以所尽之责任和义务尽得究竟怎样，来掂量自己的人生意义。

而在一些年轻人眼中，人生的意义就是享受，他们还没有受什么苦，也没有经历大的波折磨难，在他们看来，世界是美好的，人生要享受眼前的美好。如果他们经历了点什么困难，他们更有理由了——人活在这个世界这么苦，不好好享受对不起自己。

其实，这是大错特错的。我有一种结论，所谓"人生的意义"，它至少是由三部分组成：一部分是纯粹自我的感受；一部分是爱自己和被自己所爱的人的感受；还有一部分是社会和更多有时甚至是千千万万别人的感受。

当一个青年听到一个他渴望娶其为妻的姑娘说"我愿意"时，他由此顿觉人生饱满、有意义了，那么这是纯粹自我的感受。爱迪生之人生的意义，体现在享受电灯、电话等发明成果的全世界人身上；林肯之人生的意义，体现在当时美国获得解放的黑奴们身上。

如果一个人只从纯粹自我一方面的感受去追求所谓人生的意义，那么他或她到头来一定所得极少。最多，也仅能得到三分之一罢了。但倘若一个人的人生在纯粹自我方面的意义缺少甚多，尽管其人生作为的性质是很崇高的，那么在获得尊敬的同时，必然也引起同情。这是自我价值和社会价值的失衡。

权力、财富、地位、高贵得无与伦比的生活方式，这其中任何一种都不能单一地构成人生的意义。而勇于担当的人，即使卑微，对于爱我们也被我们所爱的人而言，可谓大矣！因为他尽到了自己的责任，他承担起了属于自己的义务。这样的人，尽管平凡渺小，但值得钦佩。

怀念赵大爷

"赵大爷不在了……"妻下班一进家门，戚戚地说。

我不禁一怔："调走了？还是不干了？"

"去世了……"

我愕然。顿时想到了宿舍区传达室门外贴的那张讣告——赵德喜同志因病医治无效，于四月十四日晚去世，终年六十岁。行文简短得不能再简短……那天，我看见了讣告。可我怎么也没想到赵德喜是赵大爷，此前我不知他的名字。当时我驻足讣告前，心想赵德喜是谁呢？我怎么不认识呢？我许久说不出话，一阵悲伤袭上心头。以后的几天里，我的心情总是好不起来……赵大爷是我们中国儿童电影制片厂的勤杂工，也是长期临时工。一个一辈子没结过婚的单身汉。一个一辈子没有过家的人，只在农村有一个弟弟……

一九八八年底，我刚调到中国儿童电影制片厂，接到女作家严亭亭的信，信中嘱我一定替她问赵大爷好。她在中国儿童电影制片厂修改过剧本，赵大爷给她留下了非常善良的印象。

中国儿童电影制片厂的人不分男女老少，都称他赵大爷。我自然也一向称他赵大爷。那时我的父亲还在世。有次我和他打招呼，他挺郑重地对我说："可不兴这么叫了，你老父亲比我大二十来岁，在老人家面前我算晚辈呢！"我说："那我该怎么称你啊？"他说："就叫我老赵吧！"我说："那你以后也不许叫我梁老师了。"他说：

"那我又该怎么称你啊？"我说："叫我小梁吧。"过后他仍称我"梁老师"，而我仍称他"赵大爷"。

儿子有次写作文，题目是《我最尊敬的一个人》。儿子问我："爸，谁值得我尊敬啊？"我说："怎么能没有值得你尊敬的人呢？你好好想！"儿子想了

半天，终于说"赵大爷！"我问为什么。儿子说："赵大爷对工作最认真负责了，一年四季，每天早早起来，把咱们周围的环境打扫得干干净净。每年开春，赵大爷总给院里院外的月季花修枝、浇水。每年元旦、春节，人们晚上只管放鞭炮开心，而第二天一清早，赵大爷一个人默默地扫尽遍地纸屑。赵大爷总在为我们干活儿……"

儿子那篇作文得了优。记得我曾想将儿子的作文给赵大爷看。为的是使他获得一份小小的愉悦，使他知道，一位像他那样默默地为大家尽职尽责服务的人，人们心里是会感激他的。起码，一个孩子在父亲的启发下，明白了他便是一个值得尊敬的人。可是后来我没有这么做，不是想法改变了，而是忘了。现在我好悔，赵大爷是该得到那样一份小小的愉悦的，在他生前。

赵大爷无疑是穷人中的一个。五年多以来，我从未见他穿过一件哪怕稍微新一点儿的衣服。我给过他一些衣服，棉的、单的、毛的，却不曾见他穿。想必是自己舍不得穿，捎回农村去了吧？他不但负责清除宿舍楼七个门洞的垃圾，还要负责清除厂里的垃圾。他干的活儿不少，并且是要天天干的。哪一天不干，宿舍区和厂区的环境都会大不一样。据我所知，他每月只拿一百五十元。在今天，每月只拿一百五十元，干他天天必干的那种脏活儿，而且干得认真负责，任劳任怨的人，恐怕是太难找了！

干完他应该干的活儿，他还经常帮人修自行车。他极愿帮助别人。据我所知，他大概是个完全没有文化的人。然而在我看来，他又是

一个极其文明的人，一个极其文明的穷人。我从未见他跟谁吵过架，甚至从未见他和谁大声嚷嚷过。一些所谓有知识有文化的文明人，包括我这样的，心里稍不平衡，则国骂冲口而出。我却从未听到赵大爷口中吐出一个脏字。我完全相信，在别人高消费的比照下，穷是足以使人心灵晦暗的。然而在我看来，赵大爷的心灵是极其明澈的，似乎从没滋生过什么嫉仇或妒憎。他日复一日默默干他的活，月复一月挣他那一百五十元钱。从不窥测别人的生活，从不议论别人的日子。他从垃圾里捡出瓶子、罐头盒、纸箱、破鞋之类，积聚多了就卖，所得是他唯一的额外收入……

这使我养成了习惯，旧报废书，替他积聚。就在他去世前一天，我还想，又够卖点儿钱了，该拎给赵大爷了……

每逢年节，我都想着他，送包月饼、一盘饺子、一条鱼、一些水果什么的……

赵大爷，我心里是很尊敬你的啊！你穷，可是你善；你没文化，可是你文明；你虽与任何名利无缘，可是你那么的敬业，敬业于扫院子、清除垃圾那一份脏活儿……

你就那么默默地走了，使我只觉得欠下了你许多……

好人赵大爷，穷人赵大爷，文明而善良的穷人赵大爷，干脏活而内心干净的赵大爷，穿破旧的衣服而受我及一家人敬爱的赵大爷，我们一家，和在传达室每日与你相处的老阿姨，将长久长久地缅怀你……

落叶赋

我曾写过些短文，或记某事，或忆某人，大抵并非虚构。好比拾一片叶子夹在书中，目的不在于作书笺，而在于长久保存住它。我皆可讲出在什么地方，什么时候，为什么在一片落叶之中偏偏拾起某一片。它们常使我感到，生活原本处处有温馨。哪怕仅仅为了回报生活对我的这一种慷慨赠予，我也应将邪恶剔出灵魂以外，如剔出扎在手指上的刺，或抖落爬到身上的毛毛虫。

一九七七年我刚在大学毕业分配到北京电影制片厂时，体质很弱，又瘦又憔悴。肝脏病、胃溃疡、心率过快严重的神经衰弱，使我终日无精打采。我心情沮丧之极，仿佛患了忧郁症似的。每每顾影自怜。

友人们劝我必须加强身体锻炼，我自己也这么认为。于是每天清晨跑步。先在厂内跑一圈，后来跑出厂去，跑至北航校门前绕回来。祛病心切，结果适得其反。

又有友人建议我学太极拳。我问跟谁学。

他说："这还用专门拜师吗？咱们北京电影制片厂院墙外的小树林里，不是有许多天天在那儿打太极拳的老人？"

于是我每天清晨再跑步，开始光顾那一片小树林。那里，柿树的叶子很美的，正值夏末秋初季节，它们的主体依然是绿色的，但分明地已由翠绿变得墨绿了。那一种墨绿，绿得庄重，绿得深沉。它们的边缘，却已变黄了，黄得鲜艳，黄得烂漫，宛若镀金。墨绿金黄的一枚叶子，简直就像一件小工艺品。如此这般的蔽空一片，令人赏心悦目，胸襟为之顿开，为之清爽。

在那林中徐旋缓转、轻舒猿臂、稳移鹤步的，全是老人。几乎没有一个四十岁以下的人。二十七八岁的我觉得自卑，觉得窘迫，觉得手足无措，怕笨拙生硬的举动，会使自己显得滑稽可笑。

我躲在林子的最边儿上，占据了几棵树之间的狭小空地，顾左右而暗效之。我觉得一个瘦小的老头儿最该是我的楷模。他的套数很娴熟，动作姿态极为优美，一举手一投足，好比是在舞蹈，我却很难跟上他的套数。多日后，连"抱球""摸鱼"这样的基本动作，还模仿得不成样子。

一天那老头儿走向我的"绿地"。瘦小的老头儿一副形销骨立的样子。一阵旋风，足以将他裹卷上天空，起码刮到新街口去似的。但他两眼却炯炯有神，目光矍铄，而且透露着近乎冷峻的镇定。他仿佛功夫片的老侠士，面临决死的挑战，毫无惧色，执念一搏。

他本已做完了一套，走到离我四五步远处，站定，转身，重做。

前推后抱，左五右六，很慢很慢，慢得似电影的慢镜头。我不失时机跟着学做了一遍。之后他回身笑问："刚开始学？"我不好意思地说："是的。看别人做得挺容易，自己真学起来却怪难的，都不想学了"。他说："别不想学了啊，今后就跟我学吧！我天天来这儿。""那太好了！"我喜出望外。他上下打量我片刻，又问："你有病？"我已将他视为师傅，如实告诉他我有些什么病。他说："人往往有病之后，才开始珍惜身体，锻炼身体。年轻的，年老的，大多数人都这样，我自己也是。不过你那几种病，不是什么难治的病。

生活要有规律，饮食也要有规律。要遵照医嘱服药，再加上坚持锻炼，我保你半年之后就会健康起来的。你年纪轻轻的，身体这么弱，将来怎么成？一个身体不好的人，会觉得连生活也没意思的。"

他说的这些话，别人也对我说过。我常认为是些廉价的安慰之言，但经由这位"师傅"口中说出，似别有一番说服力，另有一番真诚在内。

我诺诺连声，从内心里对他产生了恭敬。

他说："初学乍练的人，都有些不好意思。尤其你们年轻人，好像一比画起太极拳来，就自己将自己归入老人之列了似的。你跟我学，首先要克服这种心理。太极拳有好几套，不同套数对不同的病有间接的疗效作用。从明天起，我要教你一种适合于你的套数。"

我非常感激这一位素昧平生的老人对我的一份儿真诚和良苦用心。同是体弱人，同病相怜之情油然而生。我犹豫一阵，还是忍不住问："老人家，那您有什么病呢？""我吗？"他又微笑了，以一种又淡泊又诙谐的口吻说，"我的病，和你的病比起来，就大不一样了！甚至可以被医生，被别人，也被我自己认为根本就没有病了。我之所以还天天来这里，是因为除了你，还有不少人希望跟我学，希望得到我的指导呵。"

他颇得意。那是一种什么怪病？大概也就是神经失调之类的病吧？难怪他对自己的病并不太以为然，挺乐观的了。初识，我未再冒昧问什么。第二天我醒晚了，睁开眼看表，已七点半多，慵慵懒懒地不起床，心想那老头儿，未必会在小树林里等我。不过几句话的交谈，谁那么认真地当"师傅"？可心里总归有些不安定，万一人家真在等着呐？终于还是起了床，去到了小树林。小树林里已经只有一个人。那位老人，他居然真的在等我。这也未免太认真了！我很羞愧，想编个理由，解释几句！不待我开口，他便说："跟我学吧！"于是他在前，我在后，做了一套与昨天完全不同的太极拳。之后，我做，他从旁观看，指点，口述套数，不厌其烦一遍一遍示范，甚至摆布我的手和腿，以达到他所要求的准确性，做得好时还不时鼓励几句，好像我将代表中国去参加亚运会或奥运会，而他是我的教练，希望我一举夺魁，获冠军得金牌。

分别时，他说："练太极拳，讲究呼吸吐纳之功，清晨空气清新，有益于净化脏腑。又讲究心静、眼静、神静，到了现在这时候，满街车水马龙的，噪音大，空气污浊了，练也无益，反而对身体有害，对不对？"

他一点儿也没有批评我的意思，只不过认为，向我讲明白这些，乃是他的责任。我羞愧难当，连说："对，对。"他又说："我这个人哪，有三种事最容易使我伤感：一是我养的花儿死了。二是我养的鱼死了。三是看到年轻人病病弱弱的，却还不注意锻炼，增强体质，也不善于锻炼，不知道如何增强体质。你们年轻人将来是咱们中国的主人啊！这不是空洞的大道理。身体不好，于自己，于家庭，于工作和事业，于民族和国家，都无利。明天见。"

他说完，就头也不回地匆匆走了。以后我特意买了个小闹钟。我再也没让他等过我。一个多月后，我已动作很自信，姿势很准确了。有些初学者，也开始羡慕地望着我了。每每地，当我停止，便会发现，身后有些人在跟着我学。而那老人，到树林深处，去带去教另一批"学生"了。那时健身的人们，都热衷于太极拳。

柿树的叶子，那一抹金边儿，黄得更深，更烂漫了。实际上，每一片叶子，其主体基本已是金黄色了，仅剩与叶柄相近的那一部分还是墨绿的。倘形容一个月前的叶子，如碧玉，被精工巧匠镶了色彩对比赏心悦目的金黄，那么此时的叶子，仿佛每一片都是用金铂百砸千锤而成，并且嵌上了一个颗墨绿的珠宝。这样的万千美丽的叶子，无风时刻，在晴朗天空的衬托下，在阳光的照耀下，如一幅足以使人凝住目光的油画。一幅出自大师之手的点彩派油画。有风抚过，万千叶子抖瑟不止，金黄墨闪耀生辉，涌动成一片奇妙的半空彩波，令人产生诗情。而雨天里，乳雾笼罩之中，则更是另一番幽寂清郁了……

不久我感到小树林中缺少了什么，缺少了一身褪色的紫红运动衣，那老人每天穿的正是那样一套运动衣。美好的小树林中缺少了那老人的身姿，于我，似乎缺少了美好的一部分，缺少了对美好的体会。一天、两天、三天，接连许多天，他一直没再来到小树林里。我向别人询问，都说认识他，甚至说太熟悉他了。只是没一个人说得出他的名字，家住哪里。人们对于他又几乎一无所知。我也是。然而我想他必定还会来，也不过只是向人们问问而已。大约又过了半个月。树叶全黄了，由金黄而橘黄。那一种泛红的橘黄，证明秋之魅力足以与夏比美。每一个领略到这种美的人，骑车的也罢，步行的也罢，常会边望边走；或不禁驻足观赏，翔立冥思。年轻人，尤其年轻的情侣们，开始出现在小树林里，摆出各种美的或自以为美的姿态照相了。

树上，泛红的橘黄的叶隙间，隐约可见一个个绿果——虽长得够大了还没经霜的柿子。一场秋雨后，大部分树叶落了。我仍每天到小树林去习太极拳。我的坚持不懈，也是为着希望再见到那老人一面。又一天，小树林里出现了一位姑娘。她不像是来锻炼的。分明是来寻找人的。我的年龄最轻，她一发现我，就朝我走来。"请问。

您认识一位穿紫红色运动衣，身材瘦小，以前每天来这里打太极拳的老人吗？"待我做完全套动作，收稳脚步，她这么问。我说："认识呀！我跟他学的。他该算我师傅呢？""我是他女儿。他嘱咐我，一定要将这个亲自交给你。这是他在床上写的画的，希望你今后也能带别人教别人。"那是一套自己装订的太极拳图。图旁，细小而工整的毛笔字，注了行行说明。那当然并非什么秘籍，不过是供人初学的自编"教材"。"你父亲他怎么这么久没来？这儿除了我，还有许多认识他的人。我们常在一起谈到他，都挺想他的。""他去世了。前天去世的。他患的是骨癌，检查出已经晚期了，扩散了。""什么……什么时候？""半年前。我父亲让我嘱咐你。千万不要告诉认识他的其他人。他知道有些人也患着同样病，对那些人精神乐观很重要。他希望你转告其他人，就说他病彻底好了，身体很健朗，回老家住去了。"望着她离去的背影，我一时呆住了。我照那姑娘的话，照她父亲的嘱咐和希望做了。凡是说认识他熟悉他的人，皆从他"康复"的"事实"获得了极大的鼓舞、极大的信念。

如今，在各个地方，每当我望见练太极拳的人，我便想起了那一位瘦小的穿一身褪了色的紫红运动衣的老人。我的记忆中，便又多了一片"叶子"。我写此事时，内心里油然充满了对人对生活的温馨。正是这一点，使我的心灵获得有益滋补，使我的心灵比身体要健康得多。

窗的话语

当人的目光注视在另一个人的脸上，吸住它的必是对方的眼睛。是的，是吸住，而不是吸引住。也就是说，哪怕对方并不情愿你那样，你的目光还是会不由自主的那样。好比铁屑被磁石所吸，好比漂在水面的叶子被旋涡所吸。倘若对方真的不情愿，那么就会腼腆起来，甚至不自然起来。于是垂下了头。于是将脸转向了别处。于是你立刻意识到了自己那样的不妥。如果你不是一个无理的家伙，那么你就会约束你的目光别继续那样……

当人走近一所房屋，或一幢楼，首先观看的，必是窗子。窗是房或楼的眼睛。从前的哈尔滨是一座"俄侨"较多的城市。在一般的社区，他们居住在院子临街的房子里。那些房子一律人字形脊，一律有延出的房檐。房檐下，俄式的窗是一道道风景。对小时候的我而言，具有审美的意义。我想，我对窗的敏感，大约也是儿童和少年对美的敏感吧？

普遍的俄式的窗，四周都用木板进行装饰，如同装饰一幅画的画框，木板锯成各式各样的花边。有的还新刷了乳白色的、草绿色的、海蓝色的、米黄色的、深紫色的或浅粉色的油漆，凸显于墙面，煞是美观。

俄式的窗带窗栅，但又不同于栅。栅是有间隙的，窗栅却是两块能开能合，合起来严密地从外面遮挡住窗的木板。不消说，那也是美观的。

于是住在房子里的人家，一早一晚多了两项生活内容：开窗栅和关窗栅。早晨开窗栅，它向窗的两边展开，仿佛一本硬封面的大书翻开着了。夜晚关上窗栅，又仿佛舞台的闭幕。窗栅是有专用的锁的。窗栅一落锁，如同带锁的家庭日记被锁上了。那时的窗，似乎代表着一户人家进行无声的宣告，从即刻起，那一人家要独享时间了。有的窗栅朽旧了，从裂缝泄出了屋里的灯光。而早晨窗栅一开，又意味着一户人家可以接待外人了。开窗栅和关窗栅，是孩子的义务。中国人家也有住俄式房子的。小时候的我，特别羡慕那些早晚开关自家窗栅的中国孩子。我巴望尽那么一种家庭义务。然而我只有羡慕而已。我家住的破房子深陷地下。所谓窗，自然也被土埋了一半。破碎的玻璃，用纸条粘连着。想擦都没法擦。

我想，小时候的我，对别人家的窗的审美性观看，其实更是一种对温馨的小康生活的憧憬。其硬件是一所看去不歪不斜的小小房子。而它有两扇，不，哪怕仅仅一扇带窗栅的窗。小时候的我，对家庭生活的私密性，有着一种本能的近乎神圣的维护意识。我不知它是怎么产生于我小小心灵中的。是别人家的带窗栅的窗，给予了我一种关于家的暗示吗？

哈尔滨市的南岗区、道里区、道外区，是俄式建筑集中的区域。那些楼都不太高，二层或三层罢了。从前，它们的窗，是更加美观的。四周的花边更具有艺术意味。某些窗的上边，有对称的浪花形浮雕。或对称的花藤浮雕；或身姿婀娜的小仙女或胖得可爱的小仙童浮雕。

对于童年和少年的我，那些窗是会说话的，是有诗性的。似乎都在代表住在里面的主人表达着一种幸福感：看吧，美和我的家是一回事啊！

中国有一句话叫"以貌取人"，我从不"以貌取人"，更不会以服裳之雅俗而决定对一个人的态度。

但是坦率地说，我却至今习惯于从一户人家的窗，来判断一户人家生活的心情。倘若一户人家的窗一年四季擦得明明亮亮，我认为，实在可以证明主人们的生活态度是积极乐观的。

我家住在一幢六层宿舍楼的第三层。那是一幢快二十年的旧楼。我家住进去也有十几年了。我家是全楼唯一没装修过的人家。但我家的窗一向是全楼最明亮的。每次都由我亲自一扇扇擦个够。我终于圆了小时候的一个梦，拥有了数扇可擦之窗的梦。我热爱那一份家庭义务。起初我擦窗像猿猴一样灵活，手里是湿抹布，兜里是干抹布。现在的我已不是十几年前的我了。我不得不暗暗承认我许多方面都开始老了。哪一天我家也雇小时工擦窗了，我会悲哀的。

心情好时我擦窗，心情不好时我也擦窗。窗子擦明亮了，心情也似乎随之好转了。

我劝住楼房低层尤其平房的朋友们，尤其男人，尤其心情不好时，亲自擦擦自家的窗吧！试试看，也许将和我有同样体会。在生活中，有时我们花很微不足道的钱雇他人在最寻常之方面为我们服务，自认为很值。其实，我们也许是在卖出，甚而是贱卖原本属于我们的某种愉快。

我的一名知青战友，返城后，一家三口租住一间潮湿的地下室。一住就是十来年。他的儿子，从那地下室的窗，只能望见过往行人的形形色色的鞋和腿。于是画以自娱。父亲大为光火，以为无聊且庸俗。现在，他二十三岁的儿子，已成小有名气的新生代漫画家。

地下室的窗，竟引领了那孩子后来的人生。

我曾到过一个很穷的乡村，那儿竟有一所重点高中。冠其名曰重点高中，其实校园很小，教室和学生宿舍也旧陋不堪。令我惊讶的是，学生宿舍的所有窗几乎都从里面封上了，用的是厚塑料布加木条。

我问："这些窗……为什么是这样的？"

校长回答："这不冬天快到了吗？我们江南没暖气，为保暖。"
我又问："夏天呢？"

"夏天也这样，山上鸟多，学生们需要的是寂静。"

"那……不热吗？"

"热当然是会热的，但如果窗是玻璃的，人就难免会往窗外望啊！我们的学生在宿舍里也习惯了埋头看书。学校要将窗安上玻璃，他们还反对呢！"

望着进进出出的学生们苍白的脸，我默然，进而肃然。他们的上进，依我看来，已分明地带有自虐的性质。我顿时联想到"悬梁刺股"的典故。窗代表他们，向我无言地诉说着当代中国穷困的农家子女们鲤鱼跃龙门般的无怨无悔一往无前的志向。

我只有默默而已，只有肃然而已。

我以为，最令人揪心的，莫过于《卖火柴的小女孩》在大雪天冻死前所凝望着的窗了，窗里有使她馋涎欲滴的烤鹅和香肠，还有能使她免于一死的温暖。

我以为，最令人肃然的，是监狱的窗。在那一种肃然中，几乎一切稍有思想的头脑，都会情不自禁地从正反两方面拷问自己的心灵，也会想到那些沉甸甸的命题：诸如罪恶、崇高、真理的代价以及"一失足成千古恨"……

夜半临窗，无论有月还是无月，无论窗外下着冷雨还是降着严霜还是大雪飘飞，谁心不旷寂？谁心不惆怅？

窗在万籁俱寂的夜晚，似人心和太虚之间一道透明的屏障。大约任谁都会有"我欲乘风归去"的闪念吧？斯时窗是每一颗细腻的心灵的框，而心是框中画。

其人生况味，惟己自知。

窗是家的眼。你望着它，它便也望着你。

阳春面

早年的五角场杂货店旁，还有一家小饭馆；确切地说，是一家小面馆，卖面条、馄饨、包子。

顾客的用餐之地，不足四十平方米。"馆"这个字，据说起源于南方。又据说，北方也用，是从南方学来的，如照相馆、武馆。但于吃、住两方面而言，似乎北方反而用得比南方更多些。在早年的北方，什么饭馆、什么旅馆这样的招牌比比皆是，意味着比店是小一些，比"铺"却还是大一些的所在。我谓其"饭馆"，是按北方人的习惯说法。在记忆中，它的牌匾上似乎写的是"五角场面食店"。那里九点钟以前也卖豆浆和油条，然而复旦的学子们大约很少有谁九点钟以前踏入过它的门槛。因为有门有窗，它反而不如杂货店里敞亮。栅板一下，那是多么豁然！而它的门没玻璃。故门一关，只有半堵墙上的两扇窗还能透入些阳光，也只不过接近中午的时候。两点以后，店里便又幽暗下来。是以，它的门经常敞开……

它的服务对象显然是底层大众。可当年的底层大众，几乎每一分钱都算计着花。但凡能赶回家去吃饭，便不太肯将钱花在饭店里，不管那店里所挣的利润其实有多么薄。店里一向冷冷清清。

我进去过两次。第一次，吃了两碗面；第二次，吃了一碗面。

第一次是因为我一大早空腹赶往第二军医大学的医院去验血。

按要求，前一天晚上吃得少又清淡。没耐心等公共汽车，便往回走。至五角场，简直可以说饥肠辘辘了，然而才十点来钟。回到学校，我仍要挨过一个多小时方能吃上顿饭，身不由己地进入了店里。我是那时候出现在店里的唯一顾客。

服务员是一位我应该叫大嫂的女子，她很诧异于我的出现。我言明原因，她说也只能为我做一碗阳春面。

我说就来一碗阳春面。

她说有两种价格的，一种八分一碗，只放雪菜。另一种一角二分一碗，加肉末儿。

我毫不犹豫地说就来八分一碗的吧。依我想来，仅因一点儿肉末的有无，多花半碗面的钱，太奢侈。

她又说，雪菜也有两种。一种是熟雪菜，以叶为主；一种是盐拌的生雪菜，以茎为主。前者有腌制的滋味，后者脆口，问我喜欢吃哪种。

我口重，要了前者。我并没坐下，而是站在灶间的窗口旁，看着她为我做一碗阳春面。

我成了复旦学子以后，才知道上海人将一种面条叫阳春面。为什么叫阳春面，至今也不清楚，却欣赏那一种叫法。正如我并不嗜酒，却欣赏某些酒名。最欣赏的酒名是"竹叶青"，尽管它算不上高级的酒。阳春面和竹叶青一样不乏诗意呢。一比，我们北方人爱吃的炸酱面，岂不太过直白了？

那我该叫大嫂的女子，片刻为我煮熟一碗面，再在另一锅清水里炒一遍。这样，捞在碗里的面条看去格外诱人。另一锅的清水，也是专为我那一碗面烧开的。之后，才往碗里兑了汤，加了雪菜。那汤，也很清。

当年，面粉在全国的价格几乎一致。一斤普通面粉一角八分钱；一斤精白面粉两角四分钱，一斤上好挂面也不过四角几分钱。而一碗阳春面，只一两，却八分。而八分钱，在上海的早市上，当年能买两斤鸡毛菜……

也许我记得不准确，那毕竟是一个不少人辛辛苦苦上一个月的班才挣二十几元的年代。这是许多底层的人们往往舍不得花八分钱进入一个不起眼的小面食店吃一碗阳春面的原因。我是一名拮据学子，花起钱来，也不得不分分盘算。

在她为我煮面时，我问了她几句，她告诉我，她每月工资二十四元，她每天自己带糙米饭和下饭菜。她如果吃店里的一碗面条，也是要付钱的。倘偷偷摸摸，将被视为和贪污行为一样可耻。

转眼间我已将面条吃得精光，汤也喝得精光，连道好吃。她伏在窗口，看着我笑笑，竟说："是吗？我在店里工作几年了，还没吃过一碗店里的面。"我也不禁注目着她，腹空依旧，脱口说出一句话是："再来一碗……"她的身影就从窗口消失了。我立刻又说："不了，太给你添麻烦。""不麻烦，一会儿就好。"窗口里传出她温软的话语。那第二碗面，我吃得从容了些，越发觉出面条的筋道和汤味的鲜淳。我那么说，她就又笑，说那汤，只不过是少许的鸡汤加入大量的水，再放几只海蛤煮煮……回到复旦我没吃午饭，尽管还是吃得下的。一顿午饭竟花两份钱，自忖未免大手大脚。我的大学生活是寒酸的。

毕业前，我最后一次去五角场，又在那面食店吃了一碗阳春面。已不复由于饿，而是特意与上海作别。那时我已知晓，五角场当年其实是一个镇，名分上隶属于上海罢了。那碗阳春面，便吃出依依不舍来。毕竟，五角场是我在复旦时最常去的地方。那汤，也觉其更鲜淳了。

那大嫂居然认出了我。她说，她长了四元工资，每月挣二十八元了。她脸上那知足的笑，给我留下极深极深的记忆……面食店的大嫂也罢，那几位丈夫在城里做"长期临时工"的农家女子也罢，我从她们身上，看到了上海底层人的一种"任凭的本分"。即无论时代这样或若那样，他们和她们，都肯定能淡定地守望着自己的生活。那是一种生活态度，也是某种民间哲学。

也许，以今人的眼看来，会曰之为"愚"。而我，内心里却保持着长久的敬意；依我想来，民间之原则有无，怎样，亦决定，甚而更决定一个国家的性情。是的，我认为国家也是有性情的……

课本里的作家

序 号	作 家	作 品	年 级
1	金 波	金波经典美文：第一辑 树与喜鹊	一年级
2	金 波	金波经典美文：第二辑 阳光	
3	金 波	金波经典美文：第三辑 雨点儿	
4	夏辇生	雷宝宝敲天鼓	
5	夏辇生	妈妈，我爱您	
6	叶圣陶	小小的船	
7	张秋生	来自大自然的歌	
8	薛卫民	有鸟窝的树	
9	樊发稼	说话	
10	圣 野	太阳公公，你早！	
11	程宏明	比尾巴	
12	柯 岩	春天的消息	
13	窦 植	香水姑娘	
14	胡木仁	会走的鸟窝	
15	胡木仁	小鸟的家	
16	胡木仁	绿色娃娃	
17	金 波	金波经典童话：沙滩上的童话	二年级
18	金 波	金波经典美文：一起长大的玩具	
19	高洪波	高洪波诗歌：彩色的梦	
20	冰 波	孤独的小螃蟹	
21	冰 波	企鹅寄冰·大象的耳朵	
22	张秋生	妈妈睡了·称赞	
23	孙幼军	小柳树和小枣树	
24	吴 然	吴然精选集：五彩路	三年级
25	叶圣陶	荷花·爬山虎的脚	
26	张秋生	铺满金色巴掌的水泥道	
27	王一梅	书本里的蚂蚁	
28	张继楼	童年七彩水墨画	

序号	作家	作品	年级
29	张之路	影子	三年级
30	曹文轩	曹文轩经典小说：芦花鞋	四年级
31	高洪波	高洪波精选集：陀螺	
32	吴 然	吴然精选集：珍珠雨	
33	叶君健	海的女儿	
34	茅 盾	天窗	
35	梁晓声	慈母情深	五年级
36	陈慧瑛	美丽的足迹	
37	丰子恺	沙坪小屋的鹅	
38	郭沫若	向着乐园前进	
39	叶文玲	我的"长生果"	
40	金 波	金波诗歌：我们去看海	六年级
41	肖复兴	肖复兴精选集：阳光的两种用法	
42	臧克家	有的人——臧克家诗歌精粹	
43	梁 衡	遥远的美丽	
44	臧克家	说和做——臧克家散文精粹	七年级
45	郭沫若	煤中炉·太阳礼赞	
46	贺敬之	回延安	八年级
47	刘成章	刘成章散文集：安塞腰鼓	
48	叶圣陶	苏州园林	
49	茅 盾	白杨礼赞	
50	严文井	永久的生命	
51	吴伯箫	吴伯箫散文选：记一辆纺车	
52	梁 衡	母亲石	
53	汪曾祺	昆明的雨	
54	曹文轩	曹文轩经典小说：孤独之旅	九年级
55	艾 青	我爱这土地	
56	卞之琳	断章	
57	梁实秋	记梁任公先生的一次演讲	高中
58	艾 青	大堰河——我的保姆	
59	郭沫若	立在地球边上放号	